あなたはどんなPR案件を取りたいですか？

You shall have whatever you want

インスタで想像以上の自分に出会える！

Reality beyond your imagination will come true

＼稼げる／
インスタ！
普通のママが顔出しなしでPR報酬月20万円

経験ゼロから育児の合間にはじめて
6ヶ月でフォロワー1万人を突破！

ぬつ
nutsu

はじめに

皆さん、はじめまして。インフルエンサーとインスタコンサルタントとして活動している、ぬっと申します。

私がインスタグラムをはじめたのは2018年8月のこと。半年でフォロワー1万人、1年で2万2000人に達し、「いいね」数は一投稿で4500件。発信力の高さを評価されて、企業からPRの依頼をいただけるようになりました。

「商品（インテリア／洋服／家電／食べ物etc）を紹介してほしい」
「1投稿で6万円の謝礼を出すので、PRしてほしい」
「本にライフスタイルを掲載させてほしい」
「大企業・官公庁のSNS担当者向けのセミナーで登壇してほしい」
「出版社のオンラインエディターになってほしい」

などなど、想像もしていなかったようなお話がたくさん舞い込んできます。

私の場合は、広い家に住んでいるわけでもないし、スタイルがいいわけでもない。ファッションも学んではいませんし、カメラのプロでもなくライター経験もありません。
そんな私が顔出しもせず、プライバシーを守りながら、自分らしさを表現することで、インフルエンサーになれたのです。

インスタグラムをはじめる前の私は、不満と不安だらけの日々を送っていました。

「家庭と会社の往復だけで一生終わるのかな。育児も仕事も、ちゃんとできるかわからないな……」

なんて、息子の寝顔を見ながら泣いていた自分とは大違いの今を手に入れています。
私のこの体験をもっと多くの方に知ってほしい。もっとご自身の魅力に気づいて、自分を好きになってほしい。そんな想いで、インスタグラムのコンサルタントをしています。

また、多くの人が、「インスタに必要なのはテクニック」だと信じています。もちろん、テクニックは大事。あるのとないのとは雲泥の違いで、ノウハウがあれば1カ月後に叶っていたはずの夢が、無知ゆえに到達できなかった人も多く見てきました。でも、テクニックに依存している人は、本質を見失い、迷います。

「なんのためにフォロワーを増やしてきたんだっけ?」
「こんなに時間を費やして、子どもとの触れ合いを削ってまでやるべきなの?」

そうして次第に、続けるのが苦しくなってしまうのです。他でもない私自身が、そうだったから。そんな皆さんに対して、より自分らしく輝きながら、インスタグラムでお金を得る方法をお伝えします。

インスタは自分の理想を叶えるためのツール。テクニックや数字に溺れず、あなたの魅力を存分に生かして上手に使いこなしてきましょう!

難しいことはありません。大切なのはスマホ一台とあなたの気持ちだけ。本書があなたの成功の一助になれば、著者としてこんなに嬉しいことはありません。

◆目次◆

序章

不満と不安の毎日を変えたのはインスタグラム

第1章

インスタグラムは理想を実現するためのツール

COLUMN vol.1

第2章

自分の魅力を確認して、唯一無二のインフルエンサーになる

第3章

PR報酬の基本

COLUMN vol.2

第4章

PR獲得のルート

COLUMN vol.3

第5章

あなたのファンのつくり方

第6章

絶対外せない写真撮影のコツ

第7章

上級編　ビジネス集客にも使える！

序 章

不満と不安の
毎日を変えたのは
インスタグラム

第一志望の高校・大学・企業にストレートで進み、25歳で結婚、27歳で第一子を出産。「ほしいものを全部手に入れて、順風満帆な人生ですね！」と言われることもありますが、実は葛藤と自己否定に溢れた人生でした。

◆「いい子」であることに頑張っていた幼少期

私は3人姉弟の長女で、下に弟が2人います。幼いころはとにかく天真爛漫で、やりたいことがあれば何でもチャレンジするタイプでした。歌ったり踊ったりするのも大好きで、両親はそんな私をとても可愛がってくれました。どんな相談も受けとめてくれる安心感のある母と、知的でユーモアのある父。

父は厳しい人ですが、スキンシップも多く、休日には一緒に全力で遊んでくれる大好きな存在でした。

ところが小学生の中学年になるにつれ、父から大きな期待をかけられているのを感じるようになりました。例えば私が何かを成し遂げても、「お父さんの小さい頃なら、もっとうまくできたよ」と比べられるのです。

父のことを尊敬していたからこそ、認めてもらえないのが悲しくて、悔しい……。生来、負けず嫌いな気質ということもあり、父に認められたい一心でいろんなことを頑張ってきました。

我が家は転勤族で、4歳まで福岡で育ち、小学5年生までは東京の狛江に。5年生の秋から2年間は京都の西陣で過ごし、中学1年生の秋から再び東京へ引っ越します。

大して勉強が得意な方ではなかったのですが、京都に引っ越した際に、前の学校で習った箇所を追いかける形でカリキュラムが進んでいたおかげで、「東京から来た転校生はとても勉強ができる！」という印象をみんなに持ってもらえました。

まるで新しい自分に生まれ変わったみたいで、それからは授業に真摯に取り組み、宿題も最低限どころか、とことんこだわって提出していました。

授業中は、わかった子がまだわからない子に教える時間があり、同級生の役に立てるのがとても嬉しくて、「人に教え続けられる自分」でいられるよう努力しました。

勉強だけでなく、小学校のときは複数のスポーツ少年団を掛け持ちし、中学校では吹奏楽部に入って演奏に熱中します。担当楽器はチューバとスーザフォン。「女子が重低音を鳴らすなんてかっこいい」と思ったからです。

関西大会に出場するレベルの吹奏楽部で、私は学年をまとめるリーダーになりました。途中で東京へ引っ越すときも、「私は吹奏楽部のリーダーをやってたんだ！」「かっこいいユニフォームを着て、マーチングバンドもやってたんだ！」という自負を胸に秘めて転校しました。いろんな自信を積み上げた上で、また新たな自分に生まれ変わる気持ちでいたのです。

頑張れない自分への歯がゆさ

転校先でも吹奏楽部に入りましたが、チューバは席が空いていないのでトロンボーンに変更。全国大会の地区予選コンクールに出場していた京都の中学とは違い、大会に繋がらない部門で銀賞を目指す規模だったので戸惑いました。

京都では「勉強もスポーツもできて、ユーモアとリーダーシップがある人気者」の自分をイメージしていたのに対して、東京では誰からも関心を抱かれないような寂しさを感じました。

部活中心の日々を送っていたところ、志望校を決める時期に。高偏差値の学校に行きたい気持ちと、自分の実力では無理だろうという弱気が交錯しました。それならギャップを埋めるために努力をするのかといえば、そこまで頑張りたいとは思えない……。

しかし、父が地元の福岡県でトップの公立高校に通っていたことを思い出し、私も公立でトップを争う高校に合格すれば、父に認められるんじゃないか。そう考えました。

都立で3本の指に入る偏差値の都立西高校を目指しましたが、調べれば調べるほど、その高校に入るのは難しいことがわかりました。周りを見渡せば、目標が高い人ほど懸命に努力をしています。

私は夏に吹奏楽コンクールがあるので「部活があるから、勉強に集中できなくても仕方ないよね……」と言い訳しながら過ごしていました。

しかし秋になり、数学が全くできないという問題に直面します。合格ラインは正答率7割なのに3割すら取れるかどうか。代わりに英語や国語がずば抜けてできるわけでもありません。そこで、推薦入試で合格を目指すことに。

内申点で満点を取り、作文と面接の練習に明け暮れました。面接は、親や先生を捕まえては何度も猛練習したものです。その甲斐あり、推薦で都立西高校に合格できました。校内で会う人会う人に祝福され、とても嬉しかったです。

それでも心の奥底では「本当は学力が足りてないのに、要領よく受かってしまった……」という罪悪感に似た想いが心に渦巻いていました。

勉強以外は楽しかった高校時代

高校は自主自律のとても自由な校風。髪をピンクに染めている生徒がいても、池に飛び込んでいる生徒がいても、授業中に最前列で将棋の対局をしている生徒がいても、「あぁ、また何かしてるね」くらいの自由度です。唯一、上履のまま外に出たときだけは怒られました。

そんな高校生活で、私は学校行事をとことん楽しんでいました。体育祭やクラス対抗の競技大会、それに文化祭でも全力で取り組みました。朝から晩まで、準備と練習に明け暮れるのが楽しくて仕方なかったのです。

しかし、行事が終わると虚無感に襲われました。劣等感のある勉学に対して、現実逃避のように打ち込んでいたからかもしれません。

授業もサボりがちでした。朝は学校に行くふりをしてマクドナルドで時間をつぶし「あと一度でも授業をサボったら留年！」と宣告され、親にこっぴどく叱られました。

振り返ると、直前に短期集中で何とか乗り切ろうとする、付け焼刃の自分にいつもジレンマを感じていました。一見すると帳尻を合わせているようですが、地道な努力を積み重ね、本当に実力が伴っているとは思えなかったのです。

父と同じ大学へ

受験では、早稲田大学の進学へ照準を合わせます。父の母校だからです。

しかし、秋になっても私はまだベースギターを練習していました。「真面目に勉強だけするなんて嫌だ！」と抵抗したのですが、3年生の12月の模試で第一志望がE判定となり、ようやく腹をくくりました。

父からは毎日のように「いつになったらまともに向き合うんだ？」と問いかけられるので、私はムキになって「必ず受かってみせるからもう口出ししないで！」と言い返しました。それがきっかけとなり、合格発表の日まで一言も話さない期間に突入します。

とにかく早稲田大学のどこかに入れたらよかったので、早稲田の対策だけに集中しました。滑り止めにMARCH・日東駒専も一通り受けたのですが全て不合格。ところが、早稲田大学だけは3科目とも9割以上を正答して合格したのです。

3カ月も口を聞かなかった父に喜んでもらえて、また普通に話ができたことに心からホッとしました。そして、私と父のピリピリした関係を見守ってくれていた母も安心させることができ本当に嬉しかったです。喜びの裏で、「また見せかけの学力で受かっちゃったな」と胸がチクリと痛みました。

念願の早稲女《ワセジョ》。入った学部は教育学部。父から「教員免許を取りなさい」と言われ、中学・高校の社会科の教職課程を受けることになりました。

授業には大して興味がなかったので、ほとんどアルバイトに精を出していました。学習塾のチューター、家庭教師、個別指導塾の講師、それにアパレルショップの店員です。四年次には第一志望の企業から内定を獲得し、卒業論文を徹夜で書き上げ、ゼミの同期と旅行の計画を立てながら、卒業までの日を浮かれてすごしていました。

しかし、入社までちょうど1カ月と迫った3月1日。大学から留年の通知が届いたのです。

卒業単位に加えて100単位以上を教職で取っていたのですが、4単位だけ卒業単位に参入されていなかったのです。目の前が真っ暗になりました。

いろんな先生に「4単位を、他の教科で埋められませんか?」と掛け合ったのですが無理でした。正確には、出された課題は努力ではどうすることもできない内容だったのです。

「それならやり直すしかないか」と気持ちを切り替えました。

内定を受けていた不動産会社の人事に留年の連絡をした際、「今からなら来年入社組の試験に申し込めるから、一からエントリーシートを書いて面接を受けなよ」と言ってくださいました。藁にもすがる思いで再受験し、結果、幸いにも内定をもう1回いただけました。

父は私が留年したことで凄まじく怒りました。怖すぎて当時の記憶はだいぶ曖昧です。口をきいてもらえなくなったことと、バイトの日を除いて門限が17時になったことは覚えています。

半年の留年が決まると、またバイト三昧。留年した半年分の学費は自分で出すようにと言われたので、週8で掛け持ちバイトをして、ひと月に20万円以上も稼ぎました。

2カ月で学費を返済し、その後も就職するまで同じペースで働き続けました。

バイトは、「日中に長時間働けるものなら何でもいいからやる！」と決めました。パン屋のバイトで朝8時から14時まで働いた後、間髪入れず15時から20時までアパレルのバイトをしました。土日も不動産屋の受付で終日働きました。

それまでの私はカッコをつけて塾の先生や家庭教師のような「教える立場」になりたがっていたのですが、その頃には変なプライドもなくなりました。

留年のおかげで、「こうでなければ！」と思い込んできた固定観念にそぐわなくても、生きていけると気付くことができたのです。良い意味で、人生の転機になりました。

大手企業に勤めるも日々の生活はいっぱいいっぱい

就職先は大手の総合不動産デベロッパーです。とりわけ不動産に興味があったわけではありません。就活を意識しはじめた大学3年生の夏、高校時代の先輩が不動産会社でインターンシップをしていたことを思い出し、私も応募したのがきっかけです。

若手の意見を形にする社風と、女性の管理職を増やしていく方針に魅力を感じました。純粋にお金が稼げそうなのも大きな理由です。勤続10年目のモデル給与が1000万円でした。

入社後に配属されたのはオフィスビルの管理運営部門。テナントのもとへ頻繁に足を運び、イベントを開催したり、管理会社に修繕指示を出したりという、ビルの価値向上を図る仕事です。

新規のビルを建てるにあたり、開発会議に参加することもあります。それぞれの仕事はとても充実していました。

しかし、担当物件数が3倍に増え、テナント企画の発案・実施を一人で任されるようになった頃から、次第に心理的な苦しさを感じることが増えました。

入社2年目に入ってすぐに任された新築ビルで、設備不良が発生したのです。さらに設備不良を盾に、入居予定の外資系企業が賃料の減額を要求してきました。

通訳できる社員に間に入ってもらいながら交渉をする必要がありましたが、技術面にも交渉面にも知識が不足していた私は、一体どこからどうすればいいのか混乱してしまいます。

トラブルについて先輩に相談すると、「それくらい自分で考えろ」と素っ気なく言われました。ところが自分で調べたり考えたりしていると、時間ばかり経ってしまい、今度は「いつまで考えてるんだ? 早く聞けよ!」と怒られました。私がどんな対応をしても間違っているようでした。

夜の10時に残業をしていると、声をかけてくれる方もいました。しかし、解決を手伝ってくれるのではありません。「話を聞いてやるから飲みに行こう」と誘われるのです。

私は仕事が溜まっていることを理由に断るのですが、「だからこそ今行くんだ！」と押し切られてしまいます。

若手の自分が、飲みの誘いを断ることは御法度。仕事が終わってもいないのに、体質的にお酒が飲めないのに、先輩の武勇伝や愚痴に夜遅くまで付き合うわけです。

翌朝、出社しても仕事が進んでいないので、上司からますます怒られました。それなのに誰もかばってくれる人などいません。

社内外の接待でも、若手の女性社員は「雰囲気が和らぐ」「お酌をしてもらうのにいい」と駆り出されることが多く、断れる雰囲気ではありません。

極め付けは同じチームの先輩が、隣に座っている私に対して「お前はダメだ」「新人以下の働きしかしない」とメールを送ってきたこと。これには精神的に追い詰められました。

ついにメンタルが壊れました（泣）

「私は未熟だ」という意識が強かったので、「判断能力がなくて、相談するのも下手だからこうなってるんだ……」と自分を責めました。

ひどく首を寝違えて起きられなくなった日には、麻酔と筋弛緩剤を打って出社しました。会社を休むほうが怖くて、無理をしてでも行かなければと思い込んでいたからです。

耳鳴りや眩暈にも苛まれ、何もしていないのに涙が溢れて止まらなくなることもありました。そうした症状が続いたのでメンタルの病院にかかり、医師の判断で休職します。

しかし、あまり長く休めば社会復帰ができなくなりそうで怖いので、医者には「早めに職場復帰を認めてほしい」と掛け合い、3カ月で復職することに。

職場にもどると以前のチームとは離れ、別の仕事をさせてもらうことになりましたが、それでも不調が再発しました。会社には半年ほど通ったのですが、休職が3カ月では足りないという結論に至り、今度は1年休みました。

休職直前に、今の夫との結婚話が出ていたので、東北へ転勤していた夫が東京勤務に戻ったタイミングで結婚。とにかく働くことから逃げるように結婚したのです。

結婚さえすれば、ようやく自分だけの安息の地が手に入る、絶対の味方が手に入る、自由になれると希望を抱いていました。結婚式のあと、すぐ妊娠をしたので、そのまま休職から産休・育休を取り、大手企業ならではの手厚い支援を受けて長く休ませていただきました。

育休中に心機一転、インスタグラムを開始

妊娠して5カ月が経ったころ、切迫早産となりました。私はいたって元気ですが、お腹が張ってしまうので動かず安静にしなければいけません。

あまりにも暇すぎて何かやっておきたい、横になった生活でもできることはないだろうかと思案してはじめたのがアメブロです。切迫早産した妊婦さんの発信を参考にさせてもらった体験があったため、今度は私が誰かの役に立ちたいと思ったのも理由です。

アメブロで、妊娠中のおすすめグッズなどを発信しながら、企業のモニターもはじめました。モニターとは企業から商品を提供されて、使った感想をブログに上げる取り組みのこと。

商品レビューを収集したい企業のニーズと、商品を試したい一般人のニーズが合致する企画です。せっかく自分の愛用品を紹介しているのなら、企業から商品をもらえたら楽しそうだと思いました。

こうしてブログでモニター投稿を続けていた矢先、「インスタグラムで投稿してください」という案件が急増しました。ちょうど時代の流れがブログからインスタグラムに変わるタイミングだったのでしょう。

インスタグラムは「キラキラしたリア充が使うSNS」だと思っていたので抵抗はありましたが、試してみたい商品がインスタグラム指定だったため、渋々アカウントをつくることに。2018年8月のことでした。

モニターで商品提供を受ければ、提供される商品の分だけお金が浮きます。育休中の身にとって、普段買っていたモノや、憧れの商品を無償で手に入れられるのはとても嬉しいもので、私のモニター生活は充実していました。

しかし、ある日、何かのきっかけでインフルエンサーという働き方を知ります。インフルエンサーは商品を提供された上に、投稿すると謝礼として報酬までもらえるらしいのです。

どうせ同じ作業をするのなら、報酬をもらえるほうがいい。こうして私は「インフルエンサーになるぞ！」と決意したのです。

ちょうど半年後に会社に復職するタイミングでした。それまでにフォロワー1万人を達成し、PR報酬だけで会社員のお給料くらい稼げる自分になろう。フォロワー数1万人という箔が付いたら、PRで稼ぐ方法を人に教えるコンサルもはじめよう。そう決めたのです。

自分らしく発信するだけで「報酬」が得られる！

インフルエンサーになるために新しくアカウントを作り、ゼロからのスタート。

最初は目についた方の真似をしたり、ネット上で検索して出てくる情報を試したりしていたら、それなりにフォロワーが増えていきました。

そして5000人を超えてから、気になるインフルエンサーを見つけました。ジャンルを固定せず、食べたものやファッションなどを好きなように投稿しているのにフォロワーが4万人もいたのです。この方をモデリングすることに決めて、徹底的に分析しました。

写真を1投稿に何枚載せて、何時ごろに投稿しているのか。キャプションの量や口調はどうか。コメント欄ではどんな風に交流しているのか。ストーリーズの切り口や発信頻度まで細かくリサーチし、私なりのアレンジをして投稿を積み重ねました。

すると5000人まで増えていたフォロワーが、3カ月でさらに5000人も増え、とうとう2019年3月には1万人に到達したのです。

1万人に達する前にも1投稿5000円ほどのPR案件はちらほら実施していましたが、1万人に達した途端に次々と有償案件が通りはじめ、月の報酬額は20万円を超えました。

20万円という金額は、私の時短勤務の月給よりも多い額です。

苦手な朝も頑張って起きて、堅苦しいジャケットを着て、保育園と会社をダッシュで行き来する……。

会社では特に興味のない業務に1日中はりついて、いつ子どもが熱を出すか気が気ではありません。そんな日々に比べると、インフルエンサーは好きなように表現して、隙間時間に活動するだけで会社員以上に稼ぐことができるのです。

インフルエンサーなら、私のままでも活躍できる。これまで自己否定ばかりして生きてきたけれど、自分を発揮できる場所を知らなかっただけだったんだと気付きました。

インフルエンサーから、インスタコンサルタントへ

フォロワー1万人達成後、2019年4月から、晴れてコンサル活動をはじめました。アメブロで単発コンサルの希望者を募集したり、noteで有料記事を執筆したり。このタイミングで、育休を終えて復職にいたります。

日中は子どもと会社、子どもが寝た後の夜10時からはzoomでインスタコンサル。コンサルはつい熱が入って夜中2時まで話し込むことも。それから数時間だけ寝て、また朝を迎えるような生活でした。

体調は芳しくなく、家事もまともに回っていない状況がずっと続いていました。

あきらかにインスタグラムのコンサルをやっているときのほうが楽しい。そして、私よりも経験値がない方が、インスタコンサルタントとして起業してるのが悔しい。

もしも私が講座を開いたら、それなりに人が集まりそうなのに、会社員の働き方をしている間はきっとできません。


こんな考えが渦巻いて、どうしても自分の力を試したくなり、2019年10月に講座の募集をかけました。講座メンバーを1回集めただけで200万円の売上になりました。私が時短勤務で働いた年収よりも多い金額です。

窮屈な思いをして働いても年間200万円も稼げないのに、今の私は一声呼びかけただけで200万円の売上をつくることができる。限られた隙間時間の活動でもこれだけの結果なら、本業にできたらもっと上手くいくに違いない。

夫に会社を辞めたいと相談したところ、「好きなときに家事をやって、好きなときに昼寝して、インスタグラム講座をやって、それで穏やかに過ごせるなら、そっちのほうがいいんじゃない？」と応援してくれました。

インスタグラムをはじめて1年半後の、2020年2月。私は会社を退職しました。

親に関しては事後報告です。

実は、重大な決断を親に事後報告をしたのは、このときがはじめて。親が認めてくれる選択をしないと怖かったからです。

会社員の両親に「安定した大企業を退職してを個人でSNSの仕事をする」なんて伝えたら、理解されないどころか失望されるかもしれない。

緊張しながらことの経緯を父に話すと、こう言ってくれました。

「お父さんの娘なんだから、上手くいくに決まってるでしょ。頑張って！」

ずっと父からの承認がほしかったからこそ、この言葉がほしかったからこそ、もがいてきたのです。目から涙が溢れました。まさか背中を押してくれるなんて。私が今まで父に否定されてきたのは、心配してくれた親心からだったのだろうと理解しました。

母には起業を視野に入れていることを話していたので、「ついに決めたんだね。いいんじゃない？」と賛成してくれました。

ちなみに、この2020年2月はコロナ禍が始まるタイミングでした。フォロワー数も3万人の手前まで増えて、UUMや出版社をはじめ、いろんな企業から講演の依頼がありましたが、残念ながらリアル会場でのセミナーが軒並み中止になりました。

しかし、悪いことばかりでもありません。インフルエンサーは在宅でも働けるので、コロナで仕事がなくなってしまった起業家や、会社員の方が新規に講座を受けてくれたのです。

家の中で楽しみを求める方が増えたこともポジティブに働きました。お取り寄せグルメやネット通販サイト、インテリアや家電などのPRが増加したことで、主婦やママが、家族にも喜ばれながら、日常を豊かに過ごすグッズを手に入れられる点に、魅力を感じてくれたようです。

フォロワー数という、目に見える影響力があるのもポイントです。何でもない、ただの一般人の自分だと思って諦めていたけれど、自分の発信でファンができて、支持してくれる方が数字として増えていく。特別な存在に自分がなれたら嬉しい……そのような自己実現欲求がインスタグラムで叶えられるのです。

好きな表現をして必要とされる。自分らしくいたらお金になる。

「最高の働き方ですよね！」とクライアントにも言っていただけています。

第 1 章

インスタグラムは
理想を実現するための
ツール

ファンづくりに直結するインスタグラムの特徴

写真投稿を中心としたＳＮＳであるインスタグラム。以前の私と同じようにリア充が素敵な生活を自慢するようなキラキラしたＳＮＳというようなイメージをお持ちかもしれません。

どれほど自由に画像加工ができても、自分の顔を別人のように盛るのはどうかと思うし、とはいえ、そのまま顔を出すのは絶対にイヤ。家族の写真を投稿するのも抵抗がある……それは、とても自然な感覚です。

私のように顔出しも一切なしで投稿できて、しかもお金を稼げるとなれば、チャレンジしたいという方も多いと思います。

本章では、お金を稼ぐばかりか、新しい自分を発見できるツールとしてのインスタグラムの特徴とメリットをご紹介します。インスタグラムをすることで何が得られるのかを、ぜひ知っていただきたいです。

用語解説

◆ **フィード**
プロフィールの下に広がる、写真動画の投稿。消さない限り残り続けるアカウントの顔。

◆ **ストーリーズ**
24時間限定で表示できる投稿。カジュアル・内輪の発信が楽しめる。

◆ **ハイライト**
ストーリーズをカテゴリごとにまとめて、24時間以上プロフィール下に設置できる機能。

◆ **リール**
2020年に機能追加されたショート動画。発見欄に積極的におすすめされるので、拡散能力は絶大。

◆ **インスタライブ**
生配信の機能。複数人とコラボレーションも可能。配信動画をフィードに投稿することもできる。

◆ **DM（ダイレクトメール）**
個別にメッセージのやり取りができる私書箱。フォローしていない方からのメッセージは「リクエスト」に格納されている。

◆ **アルゴリズム**
インスタグラムのAIによって、投稿の表示順を最適化する法則。

◆ **タイムライン**
フォローしたアカウントの投稿が表示されるページ。

◆ **シェア**
自分や人の投稿を、DMや自分のストーリーズに共有する機能。

◆ **タグづけ・メンション**
「@アカウント名」の形で、写真や文章中にアカウントのリンクを貼ること。

◆ **保存**
気に入った投稿をカテゴリごとに整理しながら、ブックマークできる機能。

解説に入る前に、まずインスタグラムでよく使われる用語の説明を記載しております。こちらに目を通していただいた上で、特徴を読んでいただくとより理解しやすいかと思います。

●一目で伝わる

インスタグラムには、「パッと見て世界観が伝わる」という特徴があります。

情報を発信する上でネックになるのは、「相手に伝わらない」ことです。せっかく良いことを発信しても、それが的確に伝わらず苦々しい思いをした方も多いでしょう。

しかし、インスタグラムなら伝わりやすくなります。これはインスタグラムがビジュアルメインの媒体だからです。「発信者はこんな感じの人なんだ」「こんなメッセージを伝えたいんだ」と、非常にわかりやすいです。

それゆえに好みの人と出会いやすいのです。私なら余白のある白っぽいフィードが好きですが、このようなフィードを好む方なら関心を持ってもらいやすいですし、ファッションのテイストの好みや、よく行くお店の雰囲気から、人となりもイメージしてもらいやすいと思います。

投稿順も投稿を削除しない限り変動しない仕組み。古い順から下にたまっていくため、見せ方の工夫がしやすいです。

下の画像は少し前の集客アカウントですが、一番左の1列は「全て文字投稿にしてみよう」など、自分で見せ方を予定することができます。そういった意味でも工夫がしやすいと思います。

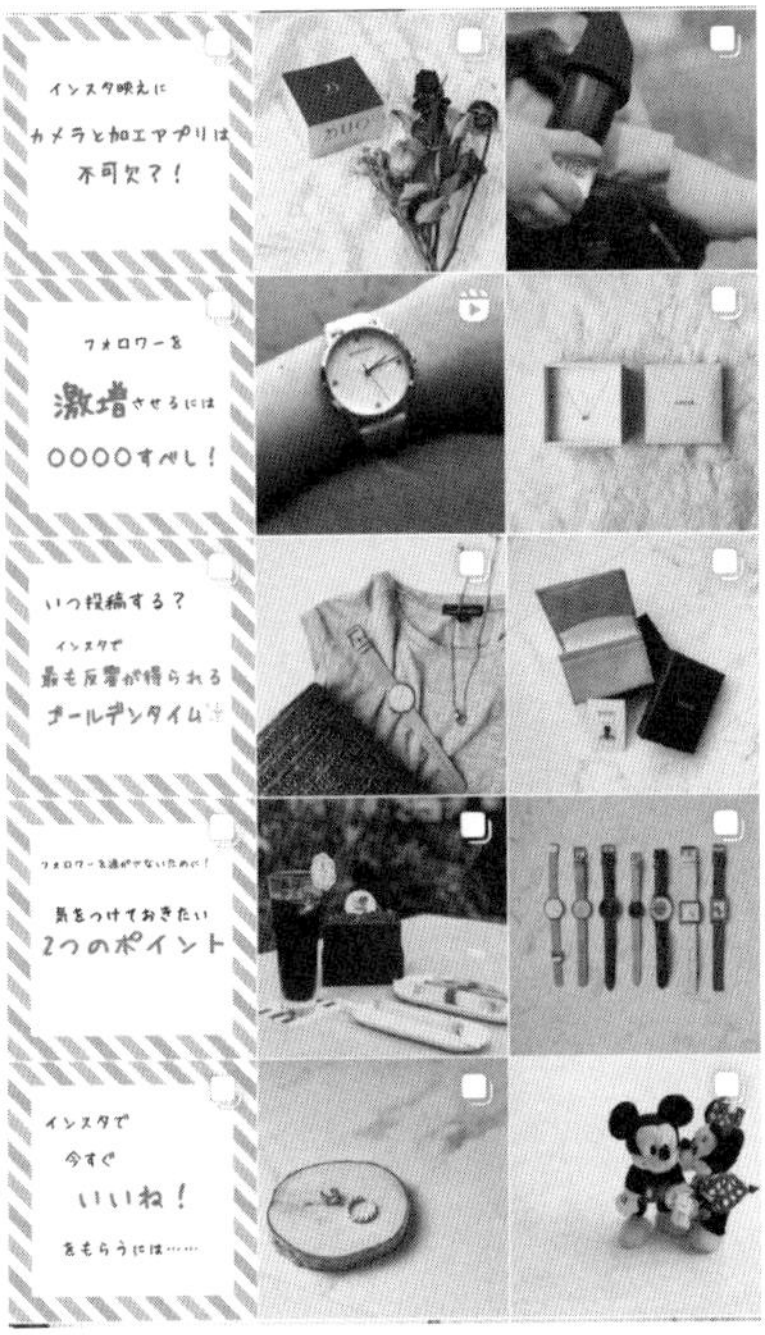

●ポジティブ

インスタグラムはとてもポジティブな媒体です。これは大きなポイントだと思います。

X（Twitter）やYouTubeを想像していただくとわかりますが頻繁に炎上します。しかし、インスタグラムではあまり見かけません。

明らかに尖っている方も少数はいるかも知れませんが、基本的にインスタグラムはポジティブで、共感し合いたい想いでやっている媒体です。

マーケティング会社の調査でも統計が出ており、「どういった目的でインスタグラムを利用していますか?」というアンケートでは、ダントツで「共感したい」「ポジティブな情報をシェアしたい」という用途で使われているようです。

ですから、「何かをはじめたい」「発信したいけれど、怖い人がいたら嫌だな……」と不安な方からするとハードルが低く、発信したものに対して暖かく迎えてくれる方が多いので続けやすいのでしょう。

●交流ハードルが低い

インスタグラムには交流するためのツールが豊富にあるため、とても交流がしやすいです。

例えばストーリーズではイエス o r ノーのアンケートをつくれば、タップするだけで参加できます。

プロフィールの下に残るフィード投稿だと、人目が気になってコメントが入れづらいこともあるかもしれませんが、ストーリーズの自由記述欄であれば、発信者の方だけに自分のアカウント名が表示されるので、コメントが書き込みやすいです。

このように接触が増えるので、純粋に「この人、何だか気になるな」「もっと知りたい」と思っていただきやすいです。ビジネスをされている方もそうですが、「ニーズを捉えやすい」のも大きな特徴です。

「アカウントを見ている方は、私にどんなサービスを求めているのだろう?」と思ったときに、問いかけやすい良さがあります。

●ストック型であり、フロー型でもある

インスタグラムはストック型でもありフロー型でもある、いいとこ取りのSNSです。

X（Twitter）やFacebook、インスタグラムのストーリーズなどはフロー型と言われ、メッセージがどんどん流れて発信者のリアルタイムの考えに触れられます。

しかし、メッセージ性のある投稿・役立つ情報があっても遡りにくいため、見つけても

らいづらい性質があります。

一方で、ブログやインスタグラムのフィード投稿はストック型です。これは何かというと、過去の投稿も見つけてもらいやすいのです。それぞれに認知拡散の能力が残っているイメージです。

枠で囲っているのが私の投稿ですが、「ペアルックコーデ」や「ワーママ」というワードでも、何かの拍子でインスタコンサルの活動を見つけてもらいやすいのです。

本当に出会いとは不思議なもので、ケーキのPRをしたときの投稿をきっかけに、私がインスタグラム講座やっていることを知り、講座に入ってくれた方もいらっしゃいました。

何をきっかけに興味を持ってもらえるのかは、人それぞれです。つまりストック型で投稿がしっかりと残って、いつまでも検索で見つけてもらえる状況になっているのはインスタグラムの大きな特徴だと思います。

インスタグラムのメリットとは?

ここからはインスタグラムをするにあたってのメリットをご紹介いたします。たくさんあるのですが、10個に絞ってお伝えします。

メリット① 隙間時間に取り組める

インスタグラムは隙間時間で取り組める自由度が高いSNSです。

勤務時間が全く決まっていないので、リサーチをしたり投稿をつくったりが、自分のタイミングでできます。会社員をしていようが、小さなお子さんと1日中過ごしているママであろうが、時間ができたときに取り組めば叶うのです。

私はインスタグラムに夢中になっていたので、起きている時間は隙間ができたら全ての時間を充てていました。

育休を取っている時期は、それこそ子どもにごはんを食べさせたり、オムツを替えたり、お風呂に入れたり、寝かしつけたりする以外の時間はひたすらインスタ投稿をつくり、参考になるアカウントの分析をして没頭していました。

育休が明けて会社に戻っても、「フォロワーを増やしたい！」「もっと頑張りたい！」という気持ちが強くあり、通勤電車や昼の休憩でもインスタグラムのチェックをして投稿準備をしていました（2週間先の投稿まで予定を組んでいた時期もあります）。

インスタグラムはスマホが1台あれば、トイレでも電車の中でもできます。寝る直前でも早起きしてでもできます。とにかく時間も場所も選ばなくていいのです。

メリット② 自分らしく表現する自由度が高い

インスタグラムでPR報酬を得たいと望めば、自分が好きな案件だけをやってもいいし、条件の中で納得できない部分があれば「ここは変えてくれませんか？」と意見を伝えられます。

ＰＲ案件では、必要最低限の書いてほしい項目は企業から依頼が来るのですが、それさえ網羅していれば、自分の価値観で発信を任せられます。実体験を交えながら好きに書けるのです。

私の会社員時代は、どれほど自信のあるアイディアでも一蹴されて心が折れる毎日でした。それに対して、インスタグラムでの「何を書いてもいい」という開放感は何にも替え難いものがあります。

まったく経験がない方でも自由に投稿すればＯＫです。〝自分の魅力を出すこと〟だけに専念してもらえれば、どんなジャンルで投稿しても大丈夫。

例えば自分がママだからといって、「子ども」のカテゴリにしなくてはいけない決まりなどありません。もちろん、もらいたいＰＲ案件が子ども関連なら、子どもがいることを伝えなければ通りにくいですが、あくまでも自分の意思を尊重できます。

あなたらしさに合わせて投稿すればいいだけです。

私の場合は〝働くママとしての私〟というジャンルで統一しています。

「ワーママのライフスタイル」として、「子どもが成長しました」「家族旅行に行きました」「カフェにいます」「仕事でこんなことをしています」と、いろんな切り口で投稿しています。

自分をどのように見せていくのか、その戦略を決めるのは自分です。どこのジャンルでやるのか、何を表現するのかは自分で決めていいのです。

メリット③　家族が喜ぶ

ＰＲは、企業が紹介してもらいたいモノ・サービスをインフルエンサーが無償で体験して、その実体験をインスタグラムに投稿するお仕事。そのため、ただでモノやサービスをお試しすることができます。

さらに自分だけではなく、家族も喜びます。夫や子どもが喜ぶものや、家族で旅行に行く案件も数多くあるので、喜びをわかち合いながら取り組めるのは大きな魅力です。

子どもであれば最新のオモチャでしょう。ある地球儀のオモチャは専用ペンで押した国、例えばアメリカであればアメリカに関する解説が音声で読み上げられるのですが、定価1万円ほどの商品を無償で提供されます。

自分で買うにはちょっと高いなと迷うものでもいただけます。すると子どもが、「これやってみたかったんだ。楽しい！」と喜びながら勉強してくれるのです。

夫が、「通勤に快適なリュックがほしいな」と望んでいたところ、たまたま夫用のリュックを提供でいただいたこともあります（定価は2万円ほどでした）。

ＰＲ案件は自ら申し込むだけでなく、名の知れた企業から「商品の投稿をしていただけませんか」という提案を受けることもあります。

そのようなスタイルで働いていると、家族が驚いたり、見直してくれたりというのはよく耳にします。これはクライアントさんの話ですが、「うちの奥さん、自分がインスタグラムをやっていく中で、「うちの奥さん、実はインフルエンサーなんだ」と家族から自慢に思ってもらえることもあるようです。

特に高校生くらいの娘さんがいらっしゃる方は、

「お母さんってすごかったんだね。フォロワーが何万人もいるなんて！」と尊敬されます。

時給でパートの仕事をしているより自己実現ができ、ほしかった商品までがもらえるわけです。

メリット④ 生活の質が上がる

「ほしいけど、今買ったらお金がなくなっちゃうし……」と迷って買わないでいる最新の商品を、「いち早く試してもらえませんか？」と企業からお願いされます。子ども用品だけでなく生活用品も。例えば、7万円もする空気清浄機や4万円のコードレス掃除機、2万円のデスクライト、8万円のワークチェアもいただけます。

夫は、ある企業からプレゼントされた29万円のベッドで寝ています。電動で硬さを部分的に調整できるため、とても睡眠の質が向上したと喜んでいます。

メリット⑤ ファン（フォロワー）が増える

ファンは影響力の指標ですが、自分の考えに共感してくれる方が集まってきます。興味のない方に強引に興味を持たせるというよりは、共感する者同士で繋がるイメージです。「私もそんなことを思っていた」「その表現、私も好き！」と言うように、価値観の近い友だちを増やす感覚です。

「自分の考えは間違ってるのかな……」と不安だった私のようなタイプからすると、共感し合える仲間が増えていく喜び・安心感はとても大きいものです。ビジネスをするにしても、メディアに出るにしても、やはり支持者が多いのは選ばれる理由になりやすいです。

モデルオーディションでも、フォロワーが1万人いるモデルか、それともアカウントをつくったばかりでフォロワー数が100人にも満たないモデルなのか。どちらかを選ぶとするなら、やはりフォロワー数で選ばれるようです。

このように瞬時にわかる影響度や信頼度が、フォロワー数と連動します。実際に、私が出版社のオンラインエディター選考に申し込んだ際には、フォロワー数が評価され採用されたことがあります。

あなたも本書で学んで、実践いただければ着実にフォロワー数を伸ばしていくことができ、共感する友だちや影響力を身に付けられるのです。

何も考えずにいたらフォロワー数は増えません。稀に増える方もいますが、それはアカウントのジャンルがニッチで、鋭く刺さるようにつくられているためです。

一般的には、手を変え品を変え、飽きさせないように工夫を凝らしながら質を高めてやっていく、根気と継続力を伴なうスタイルがメインのやり方。

ところが私の提案する方法であれば、最先端の流行やニーズを常に追い続けたり、自分の本心を押し殺したりするような無理をすることもなく、ファンをつくることができます。

そもそもインスタグラムはＳＮＳの中でもファンをつくりやすい媒体です。前述の通りインスタグラムは「共感でつながるＳＮＳ」だからです。

共感したり交流したりすることを通して穏やかにファンがつくれる世界なのです。

メリット⑥ 自己肯定感

発信をすることで、誰かにポジティブな感情を抱いてもらうきっかけになっているのを体感できます。


特別感のある投稿でなくても、何気ない日常……例えば「今日はカフェに来ました」「スタバで○○を飲みました」と書いても、「私も行きました！」「スタバの最新のあれ、美味しいですよね！」という会話が生まれやすいのです。

ですから、「自分の考えなんて、誰にも必要とされていない」と思い込んでいる人からすると、「私も何かの役に立っている」「注目してもらえるんだ」という安心を得られます。

つまり、自己効力感・自己肯定感です。


自分の考えを発信することで、同じような考えを持っている方と繋がり、「自分は間違ってなかった！」と確認できるのです。

そうした意見の発信についても、他のＳＮＳに比べてしやすいのがインスタグラム。アンチが少なくて荒れにくいからこそ、自己開示の安心土台になっているのでしょう。

仮に変な人が入って来てもブロックすれば終わりで、たとえブロックしても相手に通知されません。フォロワーしかコメントできなくする仕組みや、自分だけがその方の投稿を見ないようにするミュートや非表示が使えます。

「表に出てしまったから、繋がってしまったから関係性を変えられない」というわけではなく、こうした絶妙な距離感を図りやすいのもメリットです。

つまり、心理的安全性が高い環境で自己開示ができるということ。はじめて発信する方にとっても、とても安心感があると思います。

加えて、誰もが知っているような大手企業から「投稿していただけませんか？」とオファーされることもあり、なんだか自分が立派な存在になった感覚になります。

自分自身が、企業にもフォロワーにも必要とされるのです。企業からすれば「広告を出していただく、本当に助かる存在」だと思っていただけるし、フォロワーからも、「良い商品を紹介してくれてありがとう！」という感謝のレスポンスをいただけます。

いくら良い商品があっても、商品に出会うきっかけがなければ買うことはできません。インフルエンサーはその橋渡しをしているのです。その意味では、本当に社会的な影響力があり、やりがいが大きいと思います。

私にとっては育休中の社会と断絶しているような、自分の存在意義がよくわからなくなっていたころの心の支えでもありました。

メリット⑦ 報酬

今や、インスタグラムを活用したお金の稼ぎ方は多岐にわたります。例えば、

・自分で商品をつくってビジネスする
・インスタライブをして投げ銭を視聴者からもらう
・インスタ内でオンラインサロンを開く
・視聴者数に応じてインスタボーナスをもらう

などです。

それでも一般的には「SNSでお金を稼ぐのは難しい……」というイメージがあるようです。何十万人もフォロワーがいる著名なインスタグラマーや、もともと人気のある女優さんやアーティストなど、誰もが知っている有名人でもなければ、「お金が儲かるなんて到底思えない……」と。

しかし、実際はフォロワーが1万人もいなくても、有名でなくても、普通の一般人でもインフルエンサーとして報酬は得られます。

「フォロワー1万人以下なんて影響力が足りないのでは?」と思われるかも知れませんが、今はマイクロインフルエンサーという、フォロワー数が10万人に満たないインフルエンサーが起用されていることが増えているのです。

PR案件によって様々ですが、ひとつの案件で得られる報酬は、フォロワー単価1円が基準。

この報酬額の場合、例えば、企業がインフルエンサーマーケティングにかける広告費として5万円の予算があったときに、フォロワー数5万人のインフルエンサーを1人起用するのか、それとも5000人のインフルエンサーを10人起用するのかを、商品によって変えていくのです。

大きく影響を与える1人よりも、ご近所のクチコミのように小さな影響のほうが強く訴える場合があります。その際には5000人のインフルエンサー10人のほうが企業にとって価値があるのです。

特にマス向けの商品、日用品や子育て関連ですと、たった1人の巨大な影響力を持つ人よりも、近しい友だちが紹介しているほうが売れる可能性があるので起用されやすいです。マス向け商品のPRであれば参入ハードルも低いので、少し頑張ればすぐに商品や報酬がもらえるでしょう。

メリット⑧メディア露出(TV・雑誌・サイト)

フォロワー数がある程度になると、テレビに紹介してもらえたり、雑誌に掲載されたりなどメディアへの露出が増えます。

テレビに出る、雑誌に載る、サイトの媒体に紹介されることも含め、認知度の拡散がとても幅広くなります。私の場合ですと、ママ向けの発信しかしていないときでも、「ワーママのぬつさんが選ぶヘアケアのコツ」というインタビュー記事を書いてもらえました。

私はあえて「髪が自慢です」とアピールしたこともないのですが、髪をケアするまとめサイトを運営されている方から、「コラムを書きたい」と提案をいただきました。

このようにフォロワー数とは一種の信頼です。「フォロワーが何万人もいる、ぬつさんの意見です」と紹介できる特徴があることは、取り上げる側にとっても安心材料になるようです。

私がインスタ投稿した写真がテレビで放映されたことも、ライフスタイル本に掲載されたこともありました。

メリット⑨ セミナー講師依頼

ある程度の実績が

積み上がると、その道の専門家として企業からの講師依頼もあります。テーマは、日頃からインスタグラムで発信している内容であることが多いです。

例えばあなたが「共働きの子育て」をテーマにしているのであれば、「共働きの子育てについて話してほしい」という依頼がきやすくなります。

または、あなたが共働きの子育てのテーマで発信をしていて、多くのフォロワーがいる場合なら、「どうやって子育て世代のフォロワーを増やしたのか?」という一歩発展した内容で依頼をされるかもしれません。

私自身、インスタコンサルを本格的にはじめる前から、「インスタの伸ばし方やPRの工夫についてセミナーをしてほしい」という依頼を、複数企業からいただいていました。

当時はホームページや他のSNSアカウントはなく、インスタグラムのアカウントのみ。依頼もインスタグラム経由でした。

メリット⑩ 出版

拡散力を持てば、出版にも繋がっていく可能性を秘めています。

本が売れにくい時代、出版社も売れる見込みのある内容を厳選しています。ですから多数の応援者がいるインフルエンサーや、独自性を極めた専門家が目に留まれば、出版に大きく近づきます。

そういう私も、インスタグラムのおかげで出版に至りました。ただの一般人だった私が、本を書かせていただくとは、数年前には想像できませんでした。

出版すれば、ＰＲ依頼が来やすくなるのはもちろんのこと、集客もしやすくなります。紙媒体の信頼度は桁違いです。

本書は、当然読者の方に向けて価値ある情報をお伝えしていくつもりで執筆していますが、「仕事は大丈夫？ 上手くやってる？」と気にかけてくれている両親や恩師に対して、「こんな風に頑張ってるよ」と示せることにも、とても嬉しく感じています。

出版ができるし講演活動もできる……。やはりファンがいるのは大きな強みだと感じます。ＰＲ報酬にとどまらず、あらゆる理想が叶うのがインスタグラムです。

これは私だけでなく、卒業生の方やクライアントは、皆さん同じように望んだものを手にされています。

COLUMN
インスタで夢を叶えた実践者の声 vol.1

各国の政府観光局から引っ張りだこ！100万円相当のサウジ旅・テレビ出演も実現

旅猫あや さん
（旅ブロガー・旅インスタグラマー）
旅行添乗員→コロナで仕事ゼロから、PRで世界を旅する大人気インフルエンサーに転身した。

● あやさんが抱えていた悩みを教えてください。

ぬつさんの講座を受ける前にも他の講座でひと通りインスタを学び、フォロワーも2万を超えて自分の望む世界観のアカウントが作れたのですが、PR報酬はよくて月5000円……。旅行の案件もなかなかもらえなかったです。

● 講座を受けた感想は？

ぬつさんが得意とされているPRについて学びたいと思い受講しました。実践的なPR獲得のノウハウをたっぷり教えていただけて、当初の目標までかなり近づけました。

● インスタで得られたことや嬉しかったことは？

なにより国内外の旅行PRが沢山もらえるようになったことです。直近1年の旅行PRで行った先は、ヨーロッパ・山口県角島大橋真前・宮古島ヴィラ・クルーズ船 コスタセレーナ・東京〜鹿児島〜ソウル・ハワイ島・エメラルドクルーズ・フランクフルト〜アムステルダム。サウジアラビアで総額100万円の旅行もプレゼントされました。

さらにFAMツアー（国や自治体等が観光誘致を目的に影響力のある人を招致するツアー）は、香港政府観光局・カリフォルニア観光局・フィリピン政府観光局・台湾政府観光局などからオファーをいただきました。書き出して自分でびっくりしました！

● インスタ以外で得られたことはなんですか？

自分を認める、自分を好きになること。

● ご自身の成長を感じられたエピソードがあれば教えてください。

他の人のアカウントを気にすることがなくなりました。参考にしたり、勉強にはなりますが、自分のやりたいことがブレなくなりました。自分の写真を出すことに抵抗がなくなり、人に職業を聞かれて「インフルエンサーです」と堂々と言えるようになりました。

● 人にいい影響を与えられたこと・喜ばれたことがあれば教えてください。

私の投稿を見て行ってきましたと言われたのが嬉しかったです。キャンペーンをシェアしたらそれを見て応募した人が当たったこと。観光地のPRで担当者に私に頼んで良かったと言ってもらえたことです。

第2章

自分の魅力を確認して、唯一無二のインフルエンサーになる

まず、ありのままの自分にOKを出す

インフルエンサーになれるのは、〝特別な人だけ〟だと思っていませんか？　インフルエンサーは自分らしい魅力を表現することさえできれば、誰でもなれます。そこで、第2章では、自分の魅力を確認する方法をお伝えします。

どんな方法を採用するにしても現実を変えるには行動が必要ですが、私のメソッドでは投稿内容は自由。とにかく自分の魅力が伝わることが重要です。

そのためには自分自身をよく知り、ありのままの自分をOKするところからはじめましょう。具体的には、自らの考えや状態をジャッジせず出してみるということです。

私はずっと自分に自信を持てなかったので、うまくいっていることがあっても、「まだ実力が伴っていないのでは？」といつも不安を感じていました。

そんなネガティブ思考ゆえに、自己否定を繰り返してきたのですが、「私はこう考えている」「この商品を選んだ理由は、実はこういう背景があって……」と発信してみたところ、多くの方に共感してもらえました。

中には「私もまさにそのようなことを思っていたけれど、ちゃんと言語化できませんでした。代弁してくれてありがとう！」と感謝されることもありました。こうして自分の感覚は捨てたものではないと自信が持てるようになったのです。

価値観の合う方たちと強く繋がるためには、自ら発信をすること。それによって、価値観が違う方は自然と離れてくれます。これは実際にやってみて、体感することで納得できると思います。

こうした発信は、1日何本と計画的に決めているわけではありません。あくまで気が向いたタイミングに発信しているだけ。集客を行っているときは計画的に出すこともありますが、普段は思い付いたら発信しています。

そのための基本として、「考えたことを自分が認めて、アウトプットする」必要があります。

「私の思い付きなんて誰にも認められないだろうな」と最初から諦めてしまう方や、「自慢に思われたら嫌」と、自分の意見に対して否定的になる方も多いです。

しかし、ネガティブな想像もポジティブな想像も、どちらも同じ「妄想」です。「もしかして、私と同じようなことを考えてる人が世の中に大勢いるのでは?」「私が発信することで、癒しや希望を感じてくれる人もいるのでは?」と発想してみても良いですよね。騙されたと思って、自分の考え方を認めて外へ出してみてください。きっと、素の自分を出せば出すほど、自由になっていくことを感じられるはずです。

インスタグラム成功のメソッドとして、「今の自分を肯定する」「何でも出してOK」ではじめる方法論は、あまり見かけません。

「自分でできることを棚卸してビジネスにしましょう!」と教えている方はいますが、素直に何でも出していいわけではないようです。具体的には、「市場の求める姿に合致する人物」になるために、スタンスや情報を取捨選択するよう指導されています。

ブランディングとして重要な姿勢ですが、私が最も大切にしている考え方は、そうではありません。**本当の意味で、どんな自分も出していいのです。**

悩んでいる自分も、情けない自分も、子どもっぽい自分も、出してOKです。かっこいい、誰から見ても成功している姿は必ずしも必要ではありません。自分の人生をもがきながらも一生懸命に生きている。その様子をそのまま出してください。
無理やり自分を変えることや、「今はこんなのが流行ってるから、こういうこと言わなきゃ」など、無理やり周りに合わせなくても大丈夫。
ありのままで、自然体のあなたでいいのです。はじめは怖いかもしれませんが、少しずつ出していきながら、「私の考え方がよかったんだ」「今のままで変わらなくていいんだ」と最終的に落とし込んでいけたらいいと思います。
自分が出せるほど、そこにファンがついてくる。それを楽しみにしていてください。

ここで、私の発信で反響が多かったメッセージを紹介します。

「インフルエンサーは特別な才能を持っている人がなるのではありません。〝自分はすでに特別な存在なんだ〟と気付けた人がなれるのです」

この呼びかけは、多くの方から賛同いただけました。

あなたが本来持っている特別な才能や魅力に気付いたらインフルエンサーになれます。それを当たり前のことだと見逃していたり、認めていなかったりするだけです。

この本を手にとって、今よりもっと先に進もうとしているだけでも素晴らしいこと。あなたもれなく、特別な存在です。一つ一つ行動を積み上げて、「大丈夫だった」「今回も大丈夫だった！」と確認してみてください。

影響力を身に付けて、手に入るのは「お金」だけではない

インスタグラムで影響力を身に付けたら、いったい何が手に入るのでしょうか？ 本書ではPRでお金を稼ぐ方法を主にお伝えしておりますが、手に入るものは「お金」だけではありません。

これは先ほどの「自己効力感・自己肯定感」に繋がります。リアクションから喜びが得られます。

このような反響は徐々に増えていくものです。少しずつでもリアクションがもらえるこ

とで繋がりを感じ、誰かの役に立っている実感を得られます。この積み重ねにより、フォロワーが増えて影響力が増していくのです。

そして、常に多くの人から「いいね」やコメントをもらえていれば、自分が多くの人に受け入れられる存在だと認めざるを得なくなります。インスタグラムでのやりとりの中で、人と繋がる喜びが溢れます。

育休中の、子どもと付きっきりの日々を過ごしていた私は、大人と会話をする機会が少なく、ふとした瞬間に落ちこんでいました。

いつも頭の中に浮かぶのは世界と断絶された私です。「この孤独感から、どうすれば抜け出せるんだろう？」と幾度となく自問自答したものです。

そんな状況下でも発信をして、賛同してもらえるだけで、社会と繋がれた自分の世界が、思いもよらぬ速さで広がっていく喜びを感じました。

あなたもぜひ、何者でもない、普通の娘・普通の妻・普通の母・普通の会社員だった自分が、大企業から直接お仕事を依頼される存在になれることを想像してください。肩書きや組織ではなく、「あなた自身」が社会に有用だと認められるのです。

そんな自分にワクワクしてきませんか?

自分の人生を自分で選択できる喜び

PR案件をはじめると、毎日のように依頼の連絡が届くようになります。インスタグラムをゼロからはじめた方でも、2~3カ月もすれば「オファーが来すぎて断らないと回らない!」という嬉しい悲鳴が聞こえてきます。

「ほしい商品や報酬がもらえる生活って最高!」とPR案件を受け続けて楽しんでいる方も多いですが、もっと上を目指したときに、夢みたいな未来を実現できる可能性がインスタグラムにはあります。

ビジネスをするにしても、既にフォロワー数が1万人いるとすれば、最初から信頼される土台に立っていられるのでとても心強いものです。

自己紹介をするときに「インスタグラムのフォロワーが3万人くらいいます」と答えたら、「なんだか凄そうな人!」という尊敬の眼差し接してもらえる場面が多いです(さら

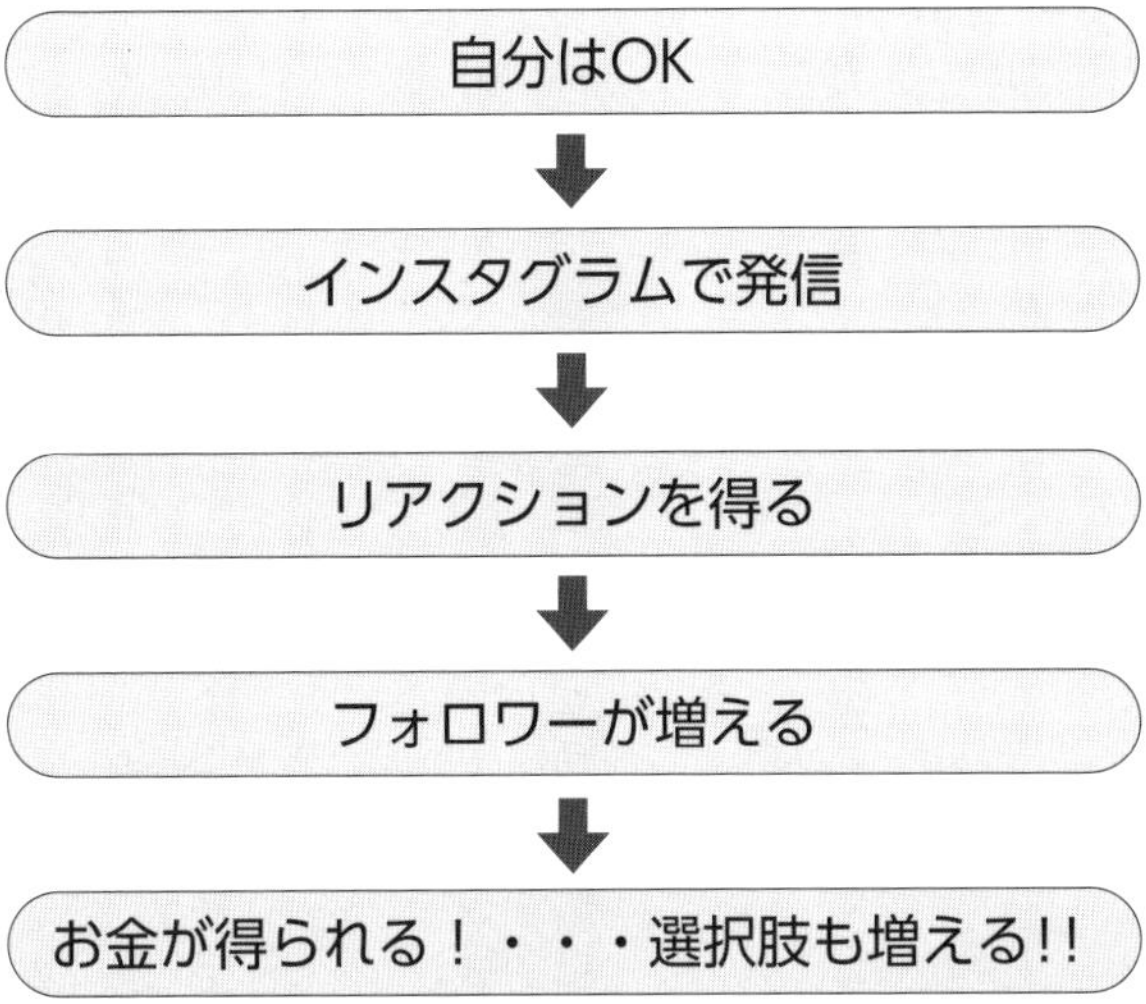

に「顔出しはしていません」となれば、なお驚かれます）。

インフルエンサーとしての実績が初対面で信頼されるきっかけになり、また新たな人脈にもつながっていくのです。

自分の想いを発信して、インスタグラムで反響を得てフォロワーを増やしていくことで対価を得られますが、それだけではなく、人と人との繋がりや信頼や実績も身に付けられます。

そうすれば「お金ではない喜び」も得られるのです。それは、**「選択肢を持つこと」**。

フォロワーがついて、経済力がついて、自

分で道を決めていける。自分の人生の舵を自分で握っている感覚です。

これまで消極的で、優しくて、他人を優先させてばかりの人生を歩んできた方ほど、やりたいことをやれるきっかけになっているのです。

私自身もインスタグラムをきっかけに正社員の仕事を辞めましたが、「趣味を仕事にしたい」「人から必要とされるビジネスがしたい」と、パートや会社員の仕事を辞める方もたくさんいらっしゃいます。

もちろん、「PR報酬で自由に使えるお小遣いを増やしたいな」でもかまいません。「子どもの服や雑貨がほしい」「家庭や職場以外で、自分の活躍の場をつくりたい」でも充分です。


ただ、その先にもっと自由があることを頭の片隅に入れていただけたらと思います。選択肢を得るのは素晴らしいことです。

現在、自分のビジネスをつくって年商1億円を稼がれているクライアントも、はじめは育休中の片手間に私のインスタコンサルを受けに来てくれた普通のママさんでした。インフルエンサーとしての活動を続けていった先に、起業に至りました。本人曰く、「それまでの人生で、何ひとつ成し遂げたことがなかった」そうです。

私自身も外からは順風満帆のように見えて、実際には自信がまったく持てない状況でした。

しかし、インスタグラムはすぐ目に見える結果が出て、「もしかすると私はできるかもしれない！」と起業に繋がったのです。私や、100名を超えるクライアントが実現してきたように、あなたもきっとインスタグラムを介して「自分らしく生きる勇気」を手に入れることでしょう。それほど、インスタグラムには人生を変える力があります。

インスタグラムで自分もまわりも幸せになろうとする気持ちが大事

以前の私なら、何かいい情報を知っても、嬉しいことがあっても、自分の中だけで留めて、大勢の人に向けて共有する感覚がありませんでした。自分や家族とだけ嬉しさを噛みしめて終わっていたのです。

しかし、みんなが得になる情報をインスタグラムでシェアして、「一緒に良くなったらいいな」という感覚で発信すると、喜びをわかち合えるので自然にファンが増えます。信頼もされますし、勝手に拡大していくのです。

ここで、私たち家族が沖縄へ行ったときのエピソードをお話しします。グルメ情報やキレイな景色をアップして、楽しかった旅行の思い出の投稿としても成り立つでしょう。そのような投稿をするだけでもいいかも知れませんが、せっかくならフォロワーのみんなと交流したいと思いました。

そこで沖縄に行くにあたり、「皆さんのおすすめスポットを教えてください」とアンケートを取りました。

「フクギ並木はどうですか？」などと、いろいろな提案をいただき実際に訪れてみました。おすすめのお土産を聞いたときにはぬちまーす（塩）はいろんな方から「おすすめですよ！」と教えてもらいましたが、行ったお店になかったので、「残念だけど、なかったです……」発信。すると「あそこなら売ってますよ」という追加の情報をいただき、ようやく購入することができました。ちんすこうの食べ比べレポにもたくさんのリアクション

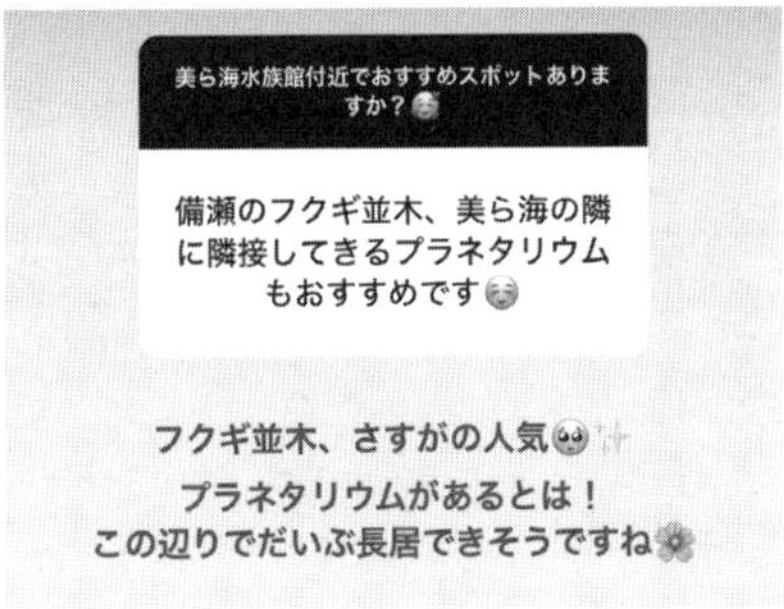

をいただきました。

みんなを巻き込んだ交流で大いに盛り上がり、旅行を見守ってくれていたんだと感動しました。

こうして自分だけでは知り得ない情報をたくさんもらうことができたのです。1人で完結させず、みんなと共有して一緒にわかち合っていく感覚で発信すれば、アルゴリズム的にも有利です。注目されて露出も増えて、自然に拡大へと繋がっていきます。

「自分だけでなく、まわりも一緒に幸せになりたい」。この気持ちが大事なのです。

ビジネスにも同じ理屈が応用できます。「自分だけの力で成功した」と言い張る人よりも、「○○さんの発言が響いて取り入れました」と投稿している方のほうが、人物としても魅力的にも見えますし、認知拡散の意味でも相互にうまくいきやすいです。

シェアをまたシェアし返すと、その周りのフォロワーが「こんな考えの人がいるんだ！」

と知るきっかけになるためです。自分だけが目立とうとするのではなく、相手を尊重して相乗する動きの結果でしょう。

アルゴリズム上は、交流がポイント加算の対象です。「よく交流されている」＝「いい投稿だ」とインスタグラムに認定され、露出が増える仕組みがあります。

物事を共有して、お互いの交流でより幸せを拡大させていくこと。これが結果的に、アルゴリズムに即したアカウント運用になるのです。

❖やりたくないことはしなくてOK！

ありのままの自分で発信していく中でお伝えしたいのは、「やりたくないことをやらないのも大事」ということです。

コロナ禍以降はSNS起業家が増えて、様々な成功法則が乱立するようになりました。リールの得意な方は「リールをやらないと伸びない」と煽り、顔出しをして発信をしている方は「顔を出さなければ信頼されないよ！」とも言います。「〇〇しなければいけない」がたくさんあるわけです。

そのため、現状を変えたいと強く思い、「やらなければ！」と追い込まれている方ほど、できていない自分を責めてしまいます。

このように多種多様なことを同時並行で頑張らなければいけないので疲弊するのも当然です。

無理をしてやりはじめたとしても、気持ちが乗っていないことは見る人に伝わります。やっていて苦しいので結局は続かないことも多いでしょう。

ですから、「やりたいスタイルを通してうまくいく」のが大事なマインドセットなのです。

クライアントの中には、過去に起業塾で習ったという「型にハマった発信・交流」を、無理をしながら頑張ってきた方が多くいます。

しかし、やりたくないことはせず、自分の気持ちが乗ったときに自分の好きな表現で投稿してもらうと、テンプレートなんて使わなくても、あっさり商品が売れたのです。

「最近の投稿は〝いいね！〟といわれることが増えた」「発信ってこんなに楽しいものだったんだと気付けた」という例もたくさんあります。

もし、「私はまだ〇〇ができていないからダメだ」と自分を責めて、不足感・焦燥感で行動している方がいるならば、**「あなたはノウハウや頑張りが足りないのではなく、既に足りていることに気付いてほしい」**と伝えたいです。

すぐマインドが切り変わらなくても当然です。徐々に行動しながら、確かめながら身に付けていきましょう。

客観的事実を集めに集め、「大丈夫！」と認めざるを得ないステージに立てるのがインスタグラムの魅力であると思います。

第3章

PR報酬の基本

どれくらいファンがいたらいいの？（フォロワー数と報酬額）

第3章ではＰＲ報酬を得るための基本について解説します。

インスタグラムのＰＲ報酬とは企業広告のことです。新商品が発売されるタイミング、または企業が力を入れてプロモーションをかけたいタイミングで、インフルエンサーがその商品・サービスを宣伝し報酬を得ることをＰＲ案件といいます。

また、インフルエンサーを起用した商品販売の戦略を、インフルエンサーマーケティングと呼びます。

顔出しをせずに毎日投稿もせずにインスタグラムを行っている私ですが、実際にどれくらい稼いでいるのか大公開します。

私がゼロスタートからフォロワー3万人に達するまでの間に、ＰＲ案件でいただいた報酬の推移をグラフにしてみました。

太い横線がフォロワー数の推移で、棒グラフが報酬額です。1万人に達した時点で20万

フォロワー数と報酬額（ぬつの実例）

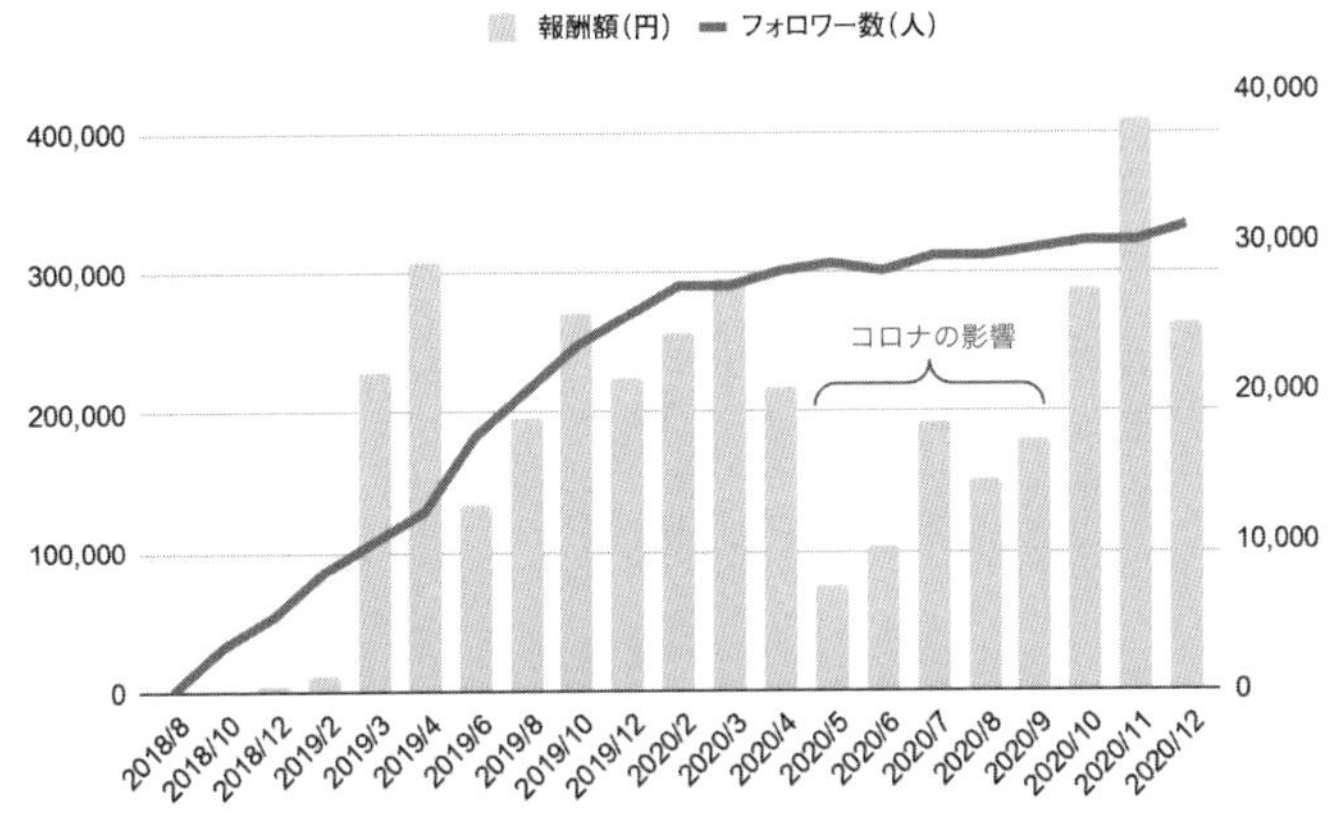

円近く報酬を得ています。そして１万人を超えた翌月は30万円を超えています。

２０２０年５月から９月までの時期は報酬がちょっと落ち込んでいるのですが、これはコロナの影響です。

コロナ禍で先行き不透明になると、企業が真っ先に削るのは広告費です。やはり人件費はなかなか削れませんから。新規のプロモーションが一度は全く動きが止まったのですが、２０２０年10月にまた復活しています。私は30万円弱くらい稼ぎました。

多くの方が在宅して部屋にこもり、ネットを見る、ＳＮＳを見るしかなくなったので、企業は「むしろネット広告を出さなければ！」という方向性へ切り替わったのです。

それまでインフルエンサーの起用に積極的ではなかったAmazonも、インフルエンサーに依頼しはじめ、その結果、さらに業績を上げることに成功しました。コロナ禍になったおかげで落ち込んだ業界もあれば、ECサイトのようにどんどんインフルエンサー起用が拡がった業界もあったと言えるでしょう。


2020年11月には月のPR報酬は40万円を越えています。提供品の一般価格を基に、PR報酬＋商品価値を合わせると、ひと月で65万円に及びます。本当に自分がやりたい案件だけを引き受けて、好きなときに準備して、好きなときに投稿する働き方で、月65万円相当を稼げるなんて、いい働き方だと私は思います。

この当時は1万人を越えないと報酬につながりにくかったのですが、今はインフルエンサーマーケティングが広く知られるようになったので、そこまでいかなくても報酬を得やすくなっています。

私のクライアントに公務員をされていた方がいたのですが、フォロワー数が5000人や6000人の頃に、ご自身の月収ほどの報酬付き案件のオファーが殺到するようになり、退職した方もいました（在職中は副業禁止なので、全ての謝礼をお断りしていたそうですが）。中には、フォロワーが２０００人くらいで、すでに1投稿2万６０００円の報酬を得ている方もいます。

やはり気心が知れた方や、「ちょっとこの人の話が気になるな」と、好感を抱いている方のおすすめを重視する傾向にあるので、もはやインフルエンサーの起用は当たり前になりました。昔よりも報酬付き案件が受けやすい環境になったのです。

インフルエンサーをする上での懸念点としては、案件の量や質に波がかなりあるということ。やはり社会情勢に応じて広告料をかけられない時期があると落ち込みます。不安定さは拭えません。

もうひとつ懸念点があるとすれば、マネタイズ（収益化）が難しくもあります。なぜなら、選ばれるアカウントづくりをほとんどの方が知らないからです。

淡々と投稿していたら報酬がもらえる世界でもないので、本書で「ファンができるからこそ報酬につながる」という理屈をお話ししていきます。

どんなモノがもらえるの？（PRする商品）

インスタ業界がざっくりわかったところで、次は「どんな種類のPRがあるの？」という疑問にお答えします。

一言で言うなら、「ない案件がない」というほどジャンルは多岐に渡ります。コロナになったときは、「コロナのワクチン接種を促してほしい」というオファーが国から依頼されましたし、地方創生の一環で、「神社に行ってPRしてください」という案件もありました。

下の写真は私が2年くらい前に実施した老舗百貨店の婦人バッグフロアの案件です。

ハイブランド商品が並ぶ1階の売場があるのですが、閉店後にインフルエンサーだけが呼ばれ、「好きなだけ試着して投稿してください」という仕事がありました。

しかもお土産までたくさんもらえるのでビックリしました。「こんな案件があったらいいな！」というものが、大抵あるのがＰＲ業界の楽しいところです。私が実際に撮ったものを写真付きでご紹介します。

●コスメ・美容

化粧品や美顔器をはじめ、とても量が多いこのジャンル。超音波でトリートメントが浸透するヘアアイロンや、ブラウン製の４万円もする電動歯ブラシは新商品でもらった上で、さらに４万円の報酬までいただいています。脱毛器やデパコスもそうです。クリスマスコフレも一足先にもらって、かつ報酬をもらいました。

●ファッション

子ども服も夫とのおそろいの服ももらえます。時計は一

体何十本あるのか……というほど。
時計もワンピースも靴も全てPRで、全身いただき物でそろいます。

●お取り寄せグルメ

コロナになってからお家で楽しむ方法として、さらにこのジャンルが拡大しました。

パーティーの食材を全部用意していただき、何万円もする高級肉を当たり前のように提供され、毎週食べているときもあったくらいです。バレンタインに向けてチョコレートのPRが急増し、複数の会社から提供されたこともあれば、アンバサダーに起用され、一年中食べきれないほどの量をいただいたこともあります。

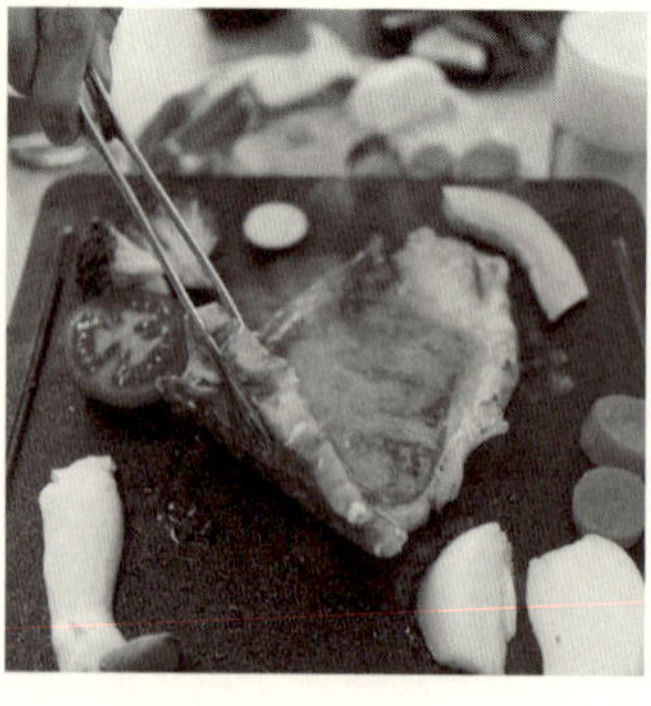

●家電

私は今、おうちで楽しく過ごすアイテムをよく投稿しています。そうすると家電が非常に集まるのです。バルミューダのトースターも2台目が来ました。豆からひく全自動コーヒーマシンも2台、ロボット掃除機も11万円するものを1台もらえました。

プロジェクター、非常用電源、扇風機、何から何までもらえています。全てPRでもらったものです。浄水器やグリルプレートもです。

●インテリア

照明やマットレスなどインテリア商品を積極的にもらっています。マットレスは10万円するものを今まで5組PRで、29万円する電動ベッドはプレゼントでいただきました。ずっと狙っていた電動式の昇降デスクももらえました。こ

れは定価7万円の商品です。

お部屋に緑がほしいと思っていたら、ちょうど観葉植物のPRが来て、理想のウンベラータが沖縄から届きました。本当にどんどん集まります。

下の写真に写っているソファからテーブル、ラグからクッション、照明まで全てPRでもらったものです。ひとつの案件で、「いくらでも選んでいいです」と言われました。

その中で厳選させていただいたのがこちらです。

●イベント
ティファール、象印、ダイソン、レコルトなどの新作発表会に呼んでいただきました。
恵比寿のガーデンプレイスでは、冬に展示されているバカラのシャンデリアを見ながら、バカラのグラスでシャン

パンを飲むイベントがあります。一般公開前にご招待いただき、仕事終わりに待ち合わせて夫と二人で乾杯しました。そんな楽しいこともしています。

●子ども関連

ふたり目の子どもが生まれたときは、「ベビーカーをPRでもらう」と決めていたので自分では買わずにいました。すると、10万円くらいする最新のピジョン製をいただきました。

子どものクリスマスプレゼントには、ポケモンのパソコンをいただきました。三輪車も3台、さらに二輪も1台と、毎年新しい自転車が届きます。もう我が家ではオモチャを買わなくなっています。

先日、高校時代の友だちと「子どものプレゼントどうする?」という話をしていて、うっかり「我が家は買わない

かなー」と呟いたときにはハッとしました。それくらい本当にもらえています。

●旅行・体験

これは好きな方も多いと思いますが、旅行に行く案件もあります。

サイパンに飛行機代付きで行ける案件や、台湾のコテージにいくらでも泊まっていい案件もありました。プール付きのオシャレな部屋に「何泊しますか?」と聞かれてビックリしました。有名人が利用するような1泊10万円を超える旅館に、家族5人で招待されたクライアントもいます。

子どものお宮参りの時期に、「撮影スタジオで家族写真を撮ってPRしてください」という依頼も受け、家族4人分の衣装や撮影データを一式プレゼントいただきました。

ライザップに2カ月通い、30万円相当のダイエットプログラムを全て無償提供いただいたこともあります。

●飲食店

夫とのデートはＰＲ報酬で済ませています。ひとり当たり1万円もするようなランチコースを、当たり前のようにふたり分ご提供いただいています。

これは私が秀でているからではありません。皆さんにもできることで、今の時点で有名でなくても問題ありません。「専門性がないと無理」と言う方もいますが、それがなくてもできます。

私のアカウントを見ていただくとおわかりいただけると思います。ひとつのジャンルに絞らなくてもできます。顔出ししなくてもできるし、キレイで広い家に住んでいなくても、カメラを持っていなくたってiPhoneが1台あればできます。

さらに今の段階で、センスや写真に自信がない方でもできるのがインフルエンサーです。とても夢がありますよね！

本当に、望んだら夢が叶うのです。最初はもちろん頑張ってアカウントを積み上げる時期は必要ですが、投稿のタイミングや表現の仕方は、あなたの感性次第でいいのです。

私なんて写真こそ起き上がって撮りますが、文章を打っているときはソファに寝転がっています。それほどリラックスした状態で働いているのに、自分のほしいものがタダでもらえて、その上お金まで手に入るのだから驚くべき働き方です。

PR謝礼は大きく分けて2種類

謝礼には大きく分けて2種類あります。「商品のみ得られる（報酬がつかない）タイプ」と、「商品プラス報酬が得られるタイプ」です。大きくはその2種類ですが、さらに細分化していくつかのタイプがありますのでご紹介します。

【商品のみ得られる（報酬がつかない）タイプ】

プレゼント・モニター・ギフティングPRの形があります。

●プレゼント

インスタにはプレゼントキャンペーンが数多くあり、次章でご紹介する「採用確率を上げる方法」があります。PRというよりは趣味的にやるとよいかも知れません。

プレゼントもいろいろあるのですが、私のようにフォロワー数が1万人を超えてくると、「気に入ったら投稿してもらえると嬉しいです」と投稿必須ではなく、ただ提供されるだけの商品も増えてきます。

●モニター

商品を提供されて感想を書く企画です。仕事という感覚ではなくて、プレゼントされた商品の感想を書く程度のもので気軽に取り組めます。

●ギフティングPR

「お仕事版のモニター」というイメージです。ギフティングPRは商品の魅力を投稿して、その魅力を広めてほしいという企業の目的があります。提供された商品の魅力を発信するのが役割です。

　モニターとの違いは何かというと、モニターはより「一般人の生の声がほしい」という狙いがあるため、特に指定がなければ、良いところだけでなく改善してほしいところも赤裸々に発信してOKです。

　ギフティングPRは、モニターと違ってあくまでも「お仕事」。できるだけ良いところを中心に書きます。もし良いところが書けないなら、「申し訳ないですが、このお仕事は引き受けられません」と断ったほうがプロとして誠実です。

PRの種類

商品をもらうだけ

・プレゼント
・モニター
・ギフティングPR

商品 ＋ 報酬

・成果報酬PR
（アフィリエイト）
・固定報酬PR

【商品＋報酬が得られるタイプ】

商品と報酬をもらうタイプに関しては、成果報酬ＰＲと固定報酬ＰＲがあります。

●成果報酬（アフィリエイト）ＰＲ

成果報酬はいわゆるアフィリエイトと称されるもので、企業からインフルエンサーごとに専用リンクを発行してもらい、そのページから商品を買われたら○％がバックマージンとして入る仕組みです。ですから、投稿して売り上げが発生しない限りは基本的にギフティングＰＲのようなものです。

●固定報酬ＰＲ

固定報酬は、自分の投稿経由で誰かが商品を買おうが買わなかろうが、投稿した時点で報酬が発生するものです。私が得意にしているスタイルですが、１投稿でフォロワー単価1円、私ならフォロワー3万人なので、３万円の報酬が、商品とは別にもらえるのが固定報酬制度です。

プレゼント・モニター・ギフティングPR、そして成果報酬PRは、フォロワー数が増えてアカウントが育つと、ほとんどの方に依頼が来ることでしょう。

私がはじめた頃よりも、今は当たり前のようにインフルエンサーの起用が進んでいるので、たとえフォロワー数が1000人でも依頼がたくさん来ています。

一方の固定報酬PRは、戦略的にアカウントづくりをしないとなかなか依頼が来ません。ですから、依頼される魅力的なアカウントをつくっておくのがポイントです。

オファーが来るための要素として、ひとつは、やはり「ファンの存在を瞬時に確認できること」が重要になります。「この人のフィードに投稿されたら、これくらいの反応がある」というイメージができる状態です。「いいね」が多い、コメントが多い、コメントの質が高いなどが採用に直結します。

「いいね」をどうやって増やすのか？　質の高いコメントをどうやって生み出すのかが肝になるので、本書でぜひ、学んでいただけたらと思います。

PR獲得のルート

最後は、PR獲得のルートです。PR案件に出会う方法は主に3種類のルートがあります。

●DM（ダイレクトメール）が来る

まずはDMが来るケースです。

例えば「〇〇会社の△△です。インスタグラムの案件をお願いしたいです」という冒頭からはじまり、何をしてほしいのか、報酬がいくらなのか、いつ投稿してほしいのかを事前にまとめて送ってくれます。

自分にとって、いい条件だと判断すれば「やります！」とお返事しますが、

> ぬつ様
>
> お世話になります。
> 私、〇〇株式会社の△△と申します。
>
> 下記、インスタグラム案件のご相談になります。
> 大変お手隙ですが、可否のご連絡をいただけると幸いです。
>
> ▼クライアント名：株式会社□□
>
> ▼商材：☆☆☆
>
> ▼KPI（実施目的）：商品の認知・購買
>
> ▼訴求内容：商品の新商品体験会に来て、PR投稿していただきたいです。
>
> ▼媒体：Instagram
>
> ▼スケジュール：9月実施
>
> ▼体験会
> 日程：　9月6日（火）15:00～16:30
> 場所：　東京都新宿区
>
> ▼報酬額：31,000円

報酬に納得いかない、この投稿頻度はちょっと無理、スケジュールが厳しい、などがあれば個別にご相談します。

ＤＭからの依頼は一般的には多くないのですが、よいアカウントをつくっておけば毎日連絡が入るほどになります。

●自分からマーケティング会社に応募する

しかし、まだはじめたばかりではＤＭでの依頼もなかなか来ないものです。ですから、こちらがマーケティング会社に登録して応募します。

ＰＲをお願いしたい企業がいて、ＰＲ案件をやりたいインフルエンサーがいる。その間をつなぐ会社がマーケティング会社です。

マーケティング会社は、依頼元の企業からヒアリングした商品の特性や、理想のインフルエンサー像を案件に落とし込んで公募します。このマーケティング会社への応募方法については、次章でくわしく説明します。

●自分から企業に直接連絡する

特定の企業のＰＲがどうしてもしたい場合は、自分から「ＰＲしたいです」と伝えます。「私はこのようなことができます」「このアカウントなら、これくらいの成果を上げられます」と熱意を込めたメッセージをお送りすると、メールフォームがあれば返事が返ってきやすいし、企業の公式アカウントのＤＭでも１００％ではありませんが、返事が返ってきてお仕事になることもあります。

COLUMN
インスタで夢を叶えた実践者の声 vol.2

アカウントが急成長して人生が変わった顔出ししない専業主婦が大使館へご招待！

はる さん
（グルメインフルエンサー・一児の母）
独立した息子さんが一人いる専業主婦。お取り寄せ・外食問わずグルメ系のPRを総なめ。

● インスタグラムを学ぶきっかけを教えてください。

ワンデー講座でインスタPRの世界を知り、そんな世界を私も経験してみたいと思いました。そして、学ぶなら、インスタに関する深い知識はもちろん、マインド面も重視していらっしゃるぬつさんから学ばせていただきたいと思いました。一言で言うと、聡明で凛として深い愛に満ちていらっしゃるぬつさんに、心射抜かれました！

● それまで抱えていた悩みは？

お料理アカウントを持っていましたが、自分で勝手に、凝ったお料理を載せなきゃと思ってしまっていて、インスタがあまり楽しくなくなってきていました。

● インスタについて得られたことはなんですか？

普通の専業主婦だった私が、メディア向けの新作発表会で大使館に招待されました！案件で高級お寿司を食べ切れないほど堪能したり、渋谷フレンチフェスティバルの前夜祭に夫婦で参加したり。自分がラクチンに楽しくできそうな案件しかやってないので、毎日楽しいことしかない日々です！

● インスタ以外で得られたことはなんですか？

以前よりも更に、自分を大切にできるようになり、たくさんの「ある」に感謝できるようになりました。毎日、幸せだなぁと思えるようになり、以前なら 「無理～！」と諦めてしまっていたようなことでも、それを解決するために何か出来ることがないかと考えてみることができるようになりました。一歩ずつでも前に進み、目標を達成できると信じられるようになりました！

● 自分が成長したと感じられたエピソードがあれば教えてください。

他人があまり気にならなくなり、自分に集中できるようになりました。同時に、人に勝手な期待もしなくなりました。結果、自分も他人も尊重できるようになれたと思います！

● 人にいい影響を与えられたこと・喜ばれたエピソードがあれば教えてください。

案件で、美味しいものをいただけたり、外食やイベントなど一緒に出かける機会も増え、家族や友人にも喜ばれています！

第 4 章

PR獲得のルート

❖ PR報酬を獲得するための5ステップ

どれだけフォロワーが多くても、どれだけ美しい写真だったとしても、人物のイメージがつかなかったり、何を発信したいのかが見えなかったりするアカウントに関しては、PR依頼が来にくいものです。

PR報酬を獲得するためには具体的に何をしたらいいのか、これから5ステップでご紹介しましょう。

ステップ① 欲しいPRのジャンルを決める

最初に、欲しいPRのジャンルを決めます。

インスタグラムをはじめる際、まずはプロフィールを記入しますが、記入前に「自分にどんなPR依頼が来たら嬉しいだろう?」と考えて、そこから逆算してプロフィールとフィードをつくるのがポイントです。

私の例でいうと、左側の画像は妊娠中のときに発信していたアカウントのプロフィールです。

コロナ前だったこともあり、私は「旅行したいな！」と考えていました。そこで検索されそうなポイントとして、名前の欄に「旅行」「マタニティライフ」というワードを入れました。

そうすることで、旅行系インフルエンサーやマタニティのインフルエンサーを探してい企業に見つけられやすくなるという狙いです。

nutsumama
777 投稿
3万 フォロワー
1,751 フォロー中
ぬつ2人目妊娠ワーママ♡育児も旅行も楽しむマタニティライフ
広告・マーケティング
東京在住の働くママ♪第二子を12月に出産予定 長男2歳
Canon EOS Kiss M
♡美味しいものと美しいものを撮りまくる！
♡セゾンドパピヨンアンバサダー
インスタを使いこなして自分を好きになる方法はLINEへ
＊LINEでのみ講座・コンサル情報公開中
bit.ly/34let94
マタニティ・旅行を狙うプロフ

それまでは一切、旅行の発信をしたこともなく、旅行アカウントということも打ち出してこなかったのですが、名前に「旅行」と入れてから2週間以内に、台湾ホテルから「1週間くらい自由に使ってもらってもいから宿泊してくれませんか?」と連絡をいただいたり、プレゼントのキャンペーンでも、全国どこでも宿泊でるホテル案件が来たりしました。

「サイパンへの旅費を負担します」というオファーもありました。こちらは結局、コロナ禍でキャンセルになりましたが。

そんな風にアカウント名に「旅行」と書くだけで、企業のリアクションが変わってくるという例です。

それから一年が経った産後はコロナ禍になっており、旅行は難しいタイミングでした。そこで小さい子どもと一緒でも楽しめるような、おうちでのんびり過ごせるもの。具体的にはインテリアや家電、お取り寄せグルメの案件がほしいなと思い、当時流行っていたハッシュタグ「おうち時間」というキーワードでまとめたのです。

インテリアを狙うプロフ

私のようにワーママのライフスタイルの中で、「おうち時間」を謳っているインフルエンサーは多くなかったようで注目していただきました。

有名なYouTuberやインスタグラマーの方、そしてライフスタイルを発信している方の取材をして本にまとめる書籍化のお話をいただき、8ページに渡り掲載されました。

おそらく、「おうち時間で発信してる人はいないかな?」と探して、私を見つけてくださったのだと想像します。

つまり、ほしいジャンルをプロフィール上で明記することにより、PRだけでなく出版や講演なども声がかかりやすくなるのです。

「自分ならどんなPR案件をもらいたい?」「どういうジャンルなら楽しくできそう?」と考えていただき、それにはどんなワードを入れると相応しいのか、実際につくっていただけたらと思います。

ステップ② 愛用品をおすすめする

プロフィールが完成したら、目的に合わせて愛用品をおすすめしましょう。

どうして愛用品をおすすめするのかというと、既に愛着があり魅力もわかっているものだと、その良さを伝えやすいからです。手軽ですぐできる割に、愛情が入った良いレポートができるのがひとつ。

また企業の方にすれば、そのようなレポートを見て「当社の製品を渡したら、こんな風にＰＲしてくれるんだろう」とイメージを膨らませることができて安心だからというのがもうひとつの理由です。


今まで風景の写真しか載せたことがない方のところへ、いきなり化粧品のＰＲが来ることはありません。愛用品の口紅をレポートした実績のある方のところに、「うちの商品もお願いします」と声がかかるのです。

ですから、まだＰＲの実績がないうちは、ぜひ皆さんが使っている愛用品を紹介してみてください。


左側の写真は、私の実験用のアカウントです。美容に関する愛用品や、おすすめスポットを紹介しました。

最下段の左側は子どもの英語教材で、下から二段目の左側・中央は「子育て中に行ってみたらいいよ！」とおすすめしたスポットです。

下から二段目左側と、上から二段目中央の投稿は、美容関連の自分の愛用品を紹介したもの。ヘアオイルや口紅をPRのように勝手に紹介した例です。

この投稿により何が起こったのかというと、フォロワー2000人以下でも化粧品メーカーからオールインワンジェルを、健康食品メーカーからプロテインバーのPRをいただけたのです。

また、子どもの発信をしていたことで、子ども用の虫が嫌がる周波数が出る腕時計タイプの虫よけ商品がいただけました。

このようにフォロワー2000人前後でも、投稿枚数が多くなくても、愛用品をアピールすることでPRの依頼が来るという例です。「フォロワーが少ない

とダメなんだ……」と諦めたりしないで、しっかり自分の「いいな！」と思うものを伝えていくことからはじめましょう。

ステップ③ モニターに応募する

次に、モニターへの応募です。ＰＲを経験していない方はもちろん、したことがある方もぜひチャレンジしてください。

まず「モニターサイト」と検索してみてください。モニターサイトに応募して案件に通れば、モニター案件にトライできます。

モニター案件とは、「商品を無料であげるので、感想を自由に投稿してください」という企画です。これは有償の案件ではありませんので、現金を稼ぐことはできませんが、商品がタダでもらえて、「ギフティングＰＲ」の練習ができます。

モニターのいいところは、「この商品を使ってどうでしたか?」という生の声を聞きたいニーズが大きいこと。フォロワー数や実績、アカウントの精度もあまり重視されず、参加者も「趣味でブログ更新してます」というレベル感が主流です。

その中で、エンゲージメントが高い、フォロワーが一定程度いる、既にPRをした実績があるという方が参入すれば、選ばれる確率は非常に高くなります。

モニター募集サイトには、ガラス製品の保存容器や飲む酵母、ダイソンの子ども用掃除機のおもちゃ、愛犬の肉球を保護するものまであります。面白いですよね。

「自分では買ったことがないけれど、もらえたら嬉しいな」という案件に、チャレンジするのも楽しいかもしれません。他には来店型の商品もあります。「補正下着をフィッティングしませんか？」というものや、子どものお洋服などいろいろあります。

基本的に、そこまで高額のものはありませんが、稀にとても魅力的な案件が出ます。私の場合でいうと、息子が0歳1歳2歳の3年間ずっと、その年齢に合わせた三輪車や自転車関連の乗り物をいただいていました。

あとはエレクトロラックスの6～7万円もする掃除機をもらえました。抱っこ紐のモデル案件があり、撮影してパンフレットに載って謝礼をいただいたこともあります。

そういった特別感のある案件もありますので、ぜひ「何かいいのがないかな？」と気軽に見ていただきたいです。

私のおすすめは、「モニプラファンブログ」ですが、他にも「ブロネット」「ママノワ」「コエタス」「モニキャン」「asagake」など、有名なモニターサイトがそろっています。使いやすいところを探してみてください。

「ママノワ」では育児中の方が喜ぶような商品が、モニターという形でたくさんあります。私の最初のインスタ講座を受けてくれたクライアントが、星野リゾートのトマムに家族で招待されました。

モニター募集であるものの、実質、ギフティングPRなので、エンゲージメントが上がってくると当選率が上がる印象です（SNSにおけるエンゲージメントとは、「いいね」「リツイート」「リポスト」といった投稿に対する反応を指します）。

こだわりがあって「微妙な案件はやりたくない」という方には向きませんが、「できるだけ経験を積みたい」「新しいものに出会ってみたい」「いろんなジャンルを試して自分に合うかどうか試してみたい」と望まれる方なら、モニターにたくさん応募してみて、受かるかどうかを体感してもらうのがいいと思います。

そのうち受かる楽しさがわかってきますし、投稿の練習にもなります。

私の講座の卒業生の方だと、「応募したらほとんど受かるので、もうショッピング感覚で応募してます！」と言っているくらいです。もちろん100％ではありませんが、戦略的にPRを取れるアカウントをつくってさえいれば、とても通りやすくなります。

モニターのエピソードでいうと、以前、私の母に頼まれてアカウントをつくったことがあります。投稿をひとつしかしておらず、フォロワーが10人もいないレベルでしたが、試しにモニター案件へ応募したら受かりました。かなりハードルが低いのに、ギフティングPR案件に出るような商品が提供されました。

モニターに関してはコスメや育児グッズ、服や食べ物などジャンルが広いです。ながめているだけでも楽しいので、気が向けば見るようにして、たくさん応募して、結果を待って……と、ゲーム感覚で腕試ししていただけたらと思います。

ステップ④ アンバサダーになる・プレゼントに応募する

モニターに比べてハードルは少し上がるかもしれませんが、アンバサダーもおすすめです。アンバサダーとは企業の公式サポーターなので、企業に認められたという箔がつき、ブランディングになります。

大きな企業に選ばれてアンバサダーになると、「○○のアンバサダーです」という看板になるからです。

加えて長期間の活動ができるため、「一定期間、商品をもらい続けられる」「ずっと企業の方に紹介してもらえる」というメリットがあります。

私は過去にサントリーやリンツ、アシックスなどのアンバサダーを務めました。毎月たくさん商品をもらえるほか、飲食が無料になるチケットがもらえるので、好きなブランドなら嬉しさもひとしおです。

ただ懸念点をいえば、例えばリンツのアンバサダーになると、他のチョコブランドのＰＲ

が受けられなくなります。プロフィールに「リンツアンバサダーです」と書いてしまうと、その1年間は他社から一切チョコレートのＰＲが来なくなります。そのため、「専任になる」という覚悟がある程度は必要です。

それではアンバサダーの事例を紹介しましょう。

「アソビュー」というレジャー・遊び・体験スポットを予約できるサイトがありますが、ここだとアンバサダー1人あたり数万円分の枠があり、「アソビューのサイトの中から施設を選んで遊び、それをレポートしてくれたら無料」という内容の企画があります。

いろんな企業がアンバサダーを募集しているので探してみてくださいね。

アンバサダー以外には、プレゼントキャンペーンもおすすめです。どちらも同じ探し方なので、時間があるときにやっていただければと思います。

探し方はインスタの検索窓やYahoo!、Googleなどの検索エンジン。X（Twitter）やYahooのリアルタイム検索などで、「インスタ　アンバサダー　募集」と調べていくと見つかりやすいです。

あとはハッシュタグで「アンバサダー募集」や、「プレゼントキャンペーン」「プレゼント企画」というワードを検索します。特にX（Twitter）は、最新の情報が入ってきやすく、おすすめです。

ライバルも少なめで、質のいいキャンペーンに出会いやすいなと思うのは、自主的に情報をリポストしてくれている方の投稿です。「リポストしたからやる気があります！　受からせてください」というメッセージを主催者に送りたいのだと思いますが、今まさに募集中のホットな案件で、かつリポストしてまでほしくなる素敵な案件の情報に出会えるのです。

そういった投稿を探してみて、リポストした本人ではなく大元の公式アカウントの募集投稿に赴いて応募します。

人気企画には多くの人が殺到します。どうしたら当選率があがるのか、ここでは講座だけで共有してきた秘密のコツを解説します。

多くのキャンペーンはフォローと「いいね」で応募が完結するものが多いと思いますが、

本気度に応じてコメントを入れてください。それにも受かりやすい書き方があります。

まず、「なぜプレゼントキャンペーンをするのか?」という理由を考えてみましょう。

わざわざ企業がプレゼントを用意して、何日もアカウントで告知して、お金も労力もかけているのは、ただのお客様感謝企画をしたいからではありません。

「キャンペーンによって、公式アカウントの認知を広めたい」「プレゼント当選者に、商品の魅力を投稿してほしい」という狙いがあるからです。

だから「この商品がほしいです!」「素敵な企画ありがとうございます」とコメントするだけでなく、「私はこんな風に商品の使用感を投稿して、アカウントのご紹介をします」というコメントをすることがとても大事です。

「なぜ、この企業はあのキャンペーンをしているのか?」「どんなポイントを拾ったら喜ばれるのか?」を、こちらが理解してコメントするのが当選率が上がるポイントです。

同じようなことをして1年間に私の卒業生の方は、３人もバルミューダのトースターが当たっています。ロボット掃除機も3人は当たっていますので、「人気の家電がほしい」という方はＰＲ案件より、プレゼントキャンペーンを狙うのがおすすめです。

その際には、応募用の定型文をつくって登録しておきましょう。

たくさん応募するときに、その都度文章を書いていたら大変なので、私は「たちつてと」の「と」を打つと、iPhoneのユーザー辞書登録で、「当選しましたらアカウントと商品の魅力を投稿したいと思います。ご縁がありますように」などが出るようにしてあります。この文面をベースに、案件によってアレンジを加えるのです。

定型文を活用することにより応募のハードルが下がります。この定型文は、キャンペーン応募だけではなく、いろんな場面でも使えるでしょう。

ステップ⑤ マーケティング会社に登録・応募する

最後になりますが、これが最大の目的。インフルエンサーとしての活動の中心になります。ＰＲのマーケティング会社に登録して、報酬付案件に応募します。

マーケティング会社とはＰＲをしてほしい企業と、ＰＲをしたいインフルエンサーを取り持つ間にある会社です。マーケティング会社が、「企業からこういう商品をどんな風に発信していきたい。だから、こういうインフルエンサーがほしい」とヒアリングして公募します。

公募された案件に対してインフルエンサーが応募し、その中から選考されて受かるという流れが主流です。

これらには報酬がついている場合が多いです。案件をしっかりこなしていけば信頼されて、公募されていない案件を紹介されることも十分にありますので、ひとつひとつの案件にプロ意識を持つのが大事なポイントです。

また、ＰＲ案件もプレゼントキャンペーンと同様に落ちるのが前提です。ですから「数打ちゃ当たる！」という意気込みで、興味が薄いものも練習だと思ってチャレンジしてみてください。

さて、ここからはマーケティング会社のおすすめをご紹介します。

おすすめ度に関しては、あくまで私の肌感覚です。案件の多さ・やり取りのスムーズさ・担当者とスマートなやり取りができるか、という観点を含めています。

●トレンダーズ（報酬付）おすすめ度★★★

しっかりとした企業で、トラブルがあったときも電話できちんと対応していただけます。サントリーなど大企業とよくタッグを組んでいます。最近は専門性のあるインフルエンサー起用が強い印象です。

●レモネード（報酬付）おすすめ度★★★

YouTubeの大手事務所UUUMのインフルエンサーマーケティング部隊がレモネード。このレモネードも大企業とよく絡んでいます。報酬が、基本はフォロワー単価1円なので、とても割がいいです。そのぶん人気があって受かりにくいので、どんどん応募していきましょう。

●Spirit（報酬付）おすすめ度★★★

中小企業から大企業まで案件があり、投稿条件も明朗です。やり取りがスムーズで担当者も常識的な方ばかり。安心感があるので、いつもチェックしたくなるプラットフォームです。

●トリドリベース　おすすめ度★★★

飲食店、美容、レジャーなど来店型の案件が多いと思います。報酬は出にくいですが、デート利用やマッサージを受けたい方におすすめです。PRの案件数は随一です。

●クラウドキャスティング　おすすめ度★★

モデル案件など芸能関係が多いです。PRの数はそこそこですが、稀にとてもいい案件があります。例えばディズニーランドに招待されることもありますが、基本はそんなに多くありません。

●サゴジョー・ソーシャルポート　おすすめ度★★

「サゴジョー」は地方創生や旅行がしたい、ライターをしたい方におすすめ。「ソーシャルポート」も旅行です。星野リゾート系が多数ありますが、旅を専門にしているインフルエンサーが基本的に採用されています。

●Cast Me!　おすすめ度★

家電メーカーなどがあります。私やクライアントは案件を引き受けてから条件が変わって困った経験が多々あったので注意が必要です。

●Woomy（ウーミー）おすすめ度★

案件数は多いですが、企業の味方で、インフルエンサー側には立ってくれない印象を受けるため、そこまでおすすめできません。あくまで私の意見なので、まずは自分の目で確かめるという意味でも、登録していただけたらと思います。

フォロワーが少ない段階でも登録はできるのですが、実質の足切りがあるように思います。マーケティング会社のある担当者によると「フォロワー1万人以上はエンゲージメント5％以上。それ以下なら案件が見れたとしても受からないようになっている」と聞いたことがあるので、その規模になってからエントリーしてもいいかもしれません。

早い段階で申し込んだら受からなかったけれど、自分のアカウントが成長したときに、もう1回トライして受かる方は多いです。

マーケティング会社の中には、依頼元の企業の方ばかりを大切にして、クリエイター・インフルエンサーを単なる下請けのようにしか扱わない会社もあります。

例えば、最初に提示していた条件から後出しで仕事を追加したり、指示内容が曖昧にも関わらず、感覚的に下書きの再提出を何度もさせます。ひとつでも多くの仕事がほしい駆け出しのインフルエンサーは言いなりになって悲しい思いをしていることもあります。

私はあくまで企業もインフルエンサーも対等であり、どちらか一方が過剰に譲歩するのは誤っていると思うので、「このマーケティング会社はインフルエンサーへのリスペクトがないな」と判断すれば次からはお仕事をしない、もしくは許容できる条件を綿密に擦り合わせてから引き受けるなどの対策をしています。

永続的にＰＲ報酬を得るためには

短期的に頑張って、ひとつの投稿だけがとても人にリーチされて認識され、フォロワーを大量に獲得することはあるのですが、それだと一発屋で終わってしまいます。

1回だけ上手くできるのではなく、長くＰＲ報酬をもらえるアカウントつくりをしている方は、どういうことに気を配っているのでしょうか？

私はPRを提案するマーケティング会社の方と頻繁に話すのですが、その際によく言われるのは、「どんなタイプのインフルエンサーでも長く残っている方は全員マメ」だということ。

ついたコメントに返信する、交流をする場をストーリーズに設けている、「これをやったら喜ぶだろうな！」と想像を膨らませて、実際にそれをやっているのです。

質の高い投稿を続けていく、一方通行というよりはコメント欄であったり、ストーリーズであったり、最近ではライブ配信を通じて、既存のフォロワーとコミュニケーションを取っています。

企業としては、ファンがついているインフルエンサーにPR案件をお願いしたい想いが根本にあります。

一過性のバズを起こした人よりも、日ごろからファンと密にコミュニケーションを取り、ファンの存在を大事にして、ファンからもしっかりとリアクションがある方を選びたがっているのです。

ベストは、毎日一定のペースなら飽きさせませんが、これも考え方次第です。毎日やることにより質が落ちて、本人が楽しくもないのに「やらなければ……」という義務感で続けていたら、それが受け手にも「なんだか渋々やってるみたい」と伝わります。

そのように疲れてしまうよりは、少し期間を空けてでも自分が楽しめるペースを探してやっていく。これが結果的に長く続くと思います。

COLUMN

インスタで夢を叶えた実践者の声 vol.3

63歳でインスタをはじめ現68歳のシニアモデルとして活躍中

Mayumi さん
(美魔女インフルエンサー)
CM出演などモデルとして活躍するアラ古希。夫婦仲も激変しPR案件で外食デートを楽しんでいる。

● インスタグラムをはじめたのはいつですか？

2020年の元旦です。思い付きではじめたのですが、なにせ60代、周りの友達もインスタなんてやってなくてスキルもなく、わけもわからないまま好きなことを投稿してました。2021年にぬつさんのLINEを見て、インフルエンサーという仕事に興味を持ちました。作ったお料理の写真を撮っていると、夫に「俺の前で撮影するな！インスタ映えなんて迷惑だ！」と怒鳴られていました。

● インスタ講座を受けて、得られたことはなんですか？

フォロワー2000人から3ヵ月で7000人に増え多くの方に見ていただけるようになりました！ PRをたくさんもらえるようになり、芸能事務所で活動するようになりました。DMのスカウトをきっかけに、今はランウェイで自己表現することに熱中しています。

● インスタ以外で得られたことはありますか？

インスタをすることで夫との衝突が多かったのですが、徐々に認めてもらえるようになりました。好きなことができる喜び、一緒に協力してくれるようになった夫に感謝。夫と飲食店のPRにデートにいくようにもなりました。一緒に旅行案件とかこなせると良いなーと思っています（少し前迄は自分勝手な人と一緒に居たくないって思ってたんですヨ)。

● 自分が成長したと感じられたエピソードがあれば教えてください。

バリバリ仕事をしていた時は周りから一目置かれる存在だったのに、現役を退き還暦をすぎてからは特に目標が持てず刺激がない日々をすごしていました。今はシニアインフルエンサーを目指して夢や希望、生きがいが持てるようになっています。

● これからの目標をお願いします。

インスタグラムを通じていろんな方と知り合って人生の楽しみが増えました!!いくつになっても懲りずに挑戦し続けて、ステキに歳を重ねることが私の目標です。年齢で諦めている方々に勇気を与えられる存在になれたら嬉しいです。

第5章

あなたのファンのつくり方

ファンが増える投稿のポイント

第5章は、ファンが増える投稿のポイントです。私は「フォロワーを巻き込んでいこう！」と提案しています。ひとりでつくり上げるよりも、フォロワーと交流していく中でアカウントの質を高めていくのです。そのためのコツを紹介します。

●どんな人なのかを伝える

まずは、あなたの人物像が伝わるような写真を選びましょう。男女のどちらかもわからない、年齢層もわからない写真よりは、「女性だね」「アラサーくらいだな」「普段はカジュアルな格好をしてるんだ」と一目でわかる写真のほうが、見た方に人物のイメージを伝えやすく親しみも感じてもらえます。

あえて顔を出さなくても、何となく人となり、暮らしぶりがうかがえる写真を投稿するのが大事です。

どんな年代でも受け入れられるＰＲも中にはあるのですが、ほとんどが「○十代の女性」と、ターゲットが企業側で設定されています。ですから自分はどの世代なのかを出しておきましょう。

世代のわかる写真がどういう写真なのかというと、子どもがいる方であれば、子どもを写していたら「子育て世代だね」とわかります。プロフィールに○歳と書く方もいます。

私のクライアントで60代の方がいらっしゃいますが、その方は「美魔女」「シニア」「アラ還」というフレーズを入れていました。

インスタグラムは写真とメッセージの組み合わせで表現しますが、すべてをさらけ出す必要はありません。文章や写真で手掛かりになるような情報を込めておけばいいのです。

そこで大事なのが、共感と親近感のある写真です。

〝憧れの存在〟というスタンスで売るのもブランディングとして有効ですが、それにはカリスマ性や高度なセンスが必須になります。逆に共感や親近感なら、「自分と近い！」と思ってもらえれば十分です。

特別なすごい人や皆さんの憧れという、いわゆるザ・インフルエンサーではなく、身近

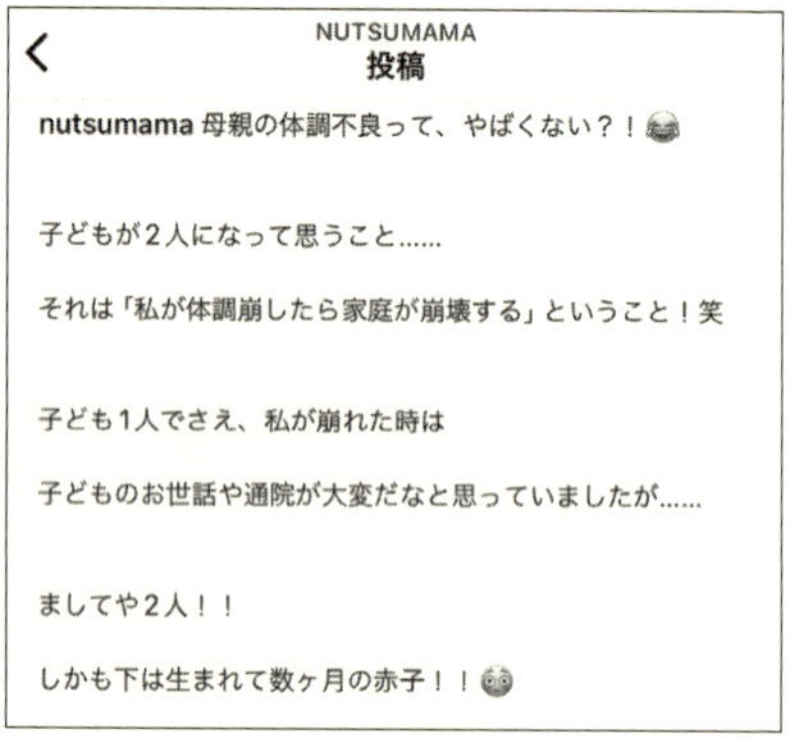
NUTSUMAMA
投稿
nutsumama 母親の体調不良って、やばくない？！
子どもが２人になって思うこと……
それは「私が体調崩したら家庭が崩壊する」ということ！笑
子ども１人でさえ、私が崩れた時は
子どものお世話や通院が大変だなと思っていましたが……
ましてや２人！！
しかも下は生まれて数ヶ月の赤子！！

に「こんな人いるよね」とイメージが湧きやすい存在になることです。

文章の中も先ほどと同じく、人物像がわかるよう丁寧に説明しましょう。私の文章を例にすると、「子どもが2人になって思うこと……」の「2人」という情報はプロフィールに書いてあります。それぞれ年齢も書いているのですが、あえてここを「2人」と書いた上で、「下の子は生まれて数カ月だし……」とわざわざ書くのです。私のことを知っていても、子どもが何歳なのかはわかっていない方もいると思います。

また、私が何者なのか知らずに、この投稿ではじめて出会った方も「○歳くらいのお子さんがいるんだ」と想像できるように書いています。

ちなみに文章量の決まりはありません。1行でも足りる場合があります。1行でも10行でも、何行でも大丈夫です。

しかし、ある程度は伝わる文章量のほうが、初見の方にも自分のことをわかってもらいやすくなります。たとえ毎日投稿していても、「今日はじめて見る方にも届くように」という意識を持つといいでしょう。

ですから毎日書いていることでも、私のパーソナリティがわかる基本情報を入れ込んだ投稿にしています。

例えば、前の投稿で「沖縄に行きました」と書いてあったとしても、次の投稿に「先日に投稿した沖縄旅行の続きです」という書き出しにします。そうすることにより新規の方が見たときの目線と、すでに1投稿目を見た方からの目線の両方がマッチします。

新規の方が「これって何の話をしてるのかな？」と困惑してしまうので、前投稿の続きからはじまった話なのであれば、前談があることを伝わるように気をつけています。

文中にある程度のパーソナルな情報を盛り込み、写真と同様に自分にとって身近な存在であることをアピールすれば、「考えてることが私と近そう」「この人の話をもっと聞きたい」と思っていただけます。

●等身大の存在になる

私がインスタグラムで感じたのは、「憧れの存在にならなければ！」と意気込むと、どうしても「特別な情報を教えなければ」と気負ってしまい、それが苦しくなるということ。

しかしフォロワーに求められているのは等身大の共感や親近感なので、自然体な発信こそが重要なのです。例えば、悩みの吐露だって有効です。

私のクライアントの例でいうと、「夫が片づけをしてくれず困っています。皆さんのおうちはどうしてますか？」など、あえてパートナーへの不満を切り口にフォロワーへ質問されたことがありました。

私自身も、「夫とケンカしたけれど、最終的にこういう考え方をしたら納得したんだよね」と自己開示すると、とても共感を得られます。人の目があることとさえ忘れなければ、愚痴っぽくならず最終的に文章としてまとまります。

つまり、あえて言いにくい内面を吐き出すことでファンができるのです。

その点でいうと、あまりネガティブ過ぎるとモヤつかせてしまいますが、私はクライアントへ「結論がポジティブであれば、その過程はドロドロでもかまわない」と伝えています。その経験からの学びが最後に出せていればいいと言っています。

例えば、「子どもにめちゃくちゃ怒ってしまった」とネガティブな話をしても、その結果、「自分のそういう部分がよくなかったことに気付けた」「今度から、こういう接し方をしようと思う」と結論になれば大丈夫です。

病気もそうです。闘病している、難病にかかっている方も、苦悩の日々だけではヘビーなテーマになりますが、「病気になったことにより、健康の大切さに気付けた」「同じ境遇の人と繋がり、SNSで発信してよかった」と、最終的にポジティブな視点に目が行けばいいのです。むしろ困難があっても前を向く姿に、勇気づけられる人が増えます。

エピソードが1話で完結しなくても、以降の投稿で完結していれば問題ありません。ただ、書くことに苦手意識がある方ほど短くまとめたほうが、論点がぶれにくくなるのでおすすめです。書いているうちに何を言いたいのかわからなくなりがちな方は、事前に主張を決めて、1写真1テーマにしたほうがうまくいきます。

文章力がある方なら長文で想いを綴ると、最後までしっかり読みこんでくれる濃いファンが現れるのでチャレンジしてみてください。

●気付き・発見のある投稿

日常の発信の中に気付きの要素を入れるだけで、情報的な価値が上がります。

例えば私なら、「子どもと吉祥寺のかき氷屋さんに行きました」と話をしているのですが、お店の情報を軽く紹介しただけで、保存数がとても増えました。

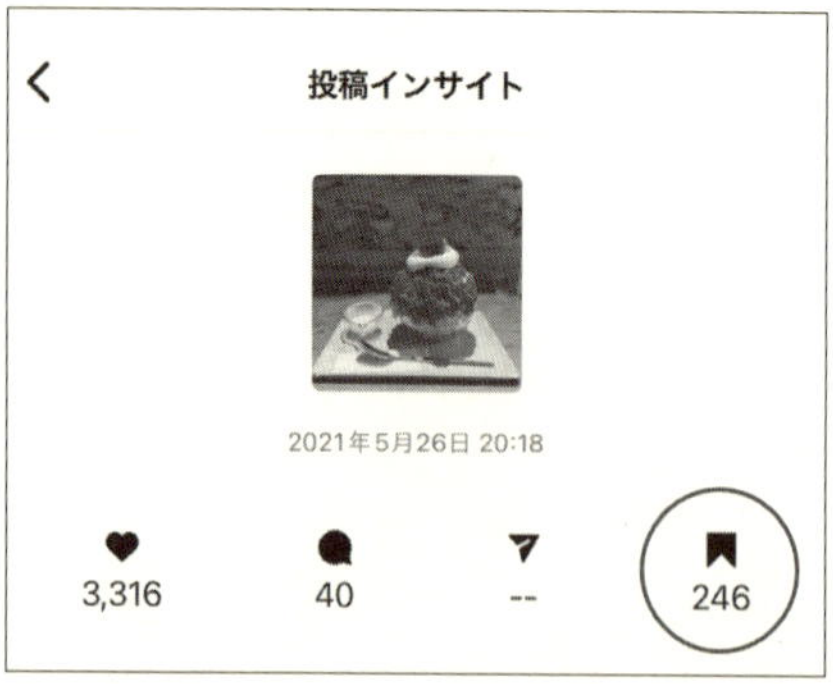

つまり、美味しいかき氷屋さんの情報提供です。

これがかき氷屋さんをめぐる専門のアカウントであれば、もっと保存されるかもしれませんが、普段はどんな投稿でもしていいという緩いアカウントを運営しながらも、ひと工夫することで保存を促せます。

その他、心に響く言葉も保存されやすいです。著名人が話した言葉でもいいのですが、「落ち込んでいるときに、こういう考え方をすると救われた！」というエピソードの紹介でも大丈夫です。

私の場合は自分の体験と絡めて、「自分らしく生きて良かった」という話をすると、そのメッセージ性が好まれるのか保存が増えます。

●語り出しにこだわる

インスタグラムでは、2行目以降は「続きを読む」と表記されて文章をクリックしないと全文が読めません。

どれだけ写真が良くても、最初に飛び込んでくる語り出しが興味深くなければ「続きを読む」を押してもらえません。読むか読まないかを一瞬で判断しているのです。

「続きを読む」をタップさせる決め手は写真のインパクトもありますが、1行目か2行目までに、気を惹く言葉を入れるのがポイントです。

私のアカウントでは、夫との仲の良さが伝わるような語り出しに反応してくださるフォロワーが多いので、「夫とデート」というワードを入れます。

同じく「誕生日でした」「子どもが入学しました」もそうです。そうすると条件反射的に

「おめでとう！」と祝ってもらえます。そのためにも、一文目に気を惹く言葉を入れます。

また、一文目に「皆さんは愛用のイヤホンがありますか？」の問いかけからはじめることもあります。「疲れました……」「皆さん聞いてください」という、悩みごとも同じです。


あとは季節性やイベント性です。「夏休みはどこへ行きますか？」「もうすぐクリスマスですね」などもそうです。季節性とイベント性は皆さん気にかけて見ています。

コロナ禍には「在宅で楽しむ方法」の語り出しの反応が良かったです。要するに読んでいて、ついコメントがしたくなる一文目を意識してください。かつ、コメントやレスポンスをしたくなるフレーズを入れましょう。

●文中でのコミュニケーション

前項は一文目でしたが、文章中で他に使えるテクニックとして、「フォロワーとのコミュニケーションを大切にしている」というスタンスを出していく方法があります。

例えば、事前にフォロワーへ「おすすめの美味しい食べ物はありますか？」と聞いておいて、「実際に買ってみました」と書けば、情報提供してくれた方に喜んでいただけます。

さらに、やり取りを見た方からは「この人はコメントしたら、ちゃんと見てくれて行動にも起こしてくれるんだ」と思われます。

●感謝する

「いつも見てくれてありがとうございます！」と感謝を伝えていると、触発されてポジティブなコメントを入れてくれる人が増えます。流れは自分である程度つくれるのです。

逆に、誰かを批判しようとしているとニュアンスだけでも伝わるもの。直接的に誰とは言わなくも、自分が攻撃されたように感じる方もいます。また、正義感から反論や文句を言ってくる人も出てきます。

自分のアカウントが成長したり、楽しく発信できたりするのは見てくださる方のおかげです。その気持ちを「感謝しています」「いつもありがとうございます」と言葉にしましょう。

変なコメントをされたとしても、「心配してくれてありがとうございます！」と言える方のほうが良好な関係をつくれています。

●ハッシュタグは最重要ではない

ハッシュタグは昔に比べて重要度が減っています。

そもそもハッシュタグとは投稿に単語を付けると、その単語で検索されやすくなる機能です。例えば、お花の投稿をしたときに「#花」や「#花瓶」にしておくと、「花瓶の情報がほしいな」と探している人が見つけやすくなります。

以前ならハッシュタグ以外のワード検索機能が少なかったので、インスタで検索するにはハッシュタグしか使えなかったのです。

それが今となっては文中の単語でも検索できるようになり、そもそもハッシュタグを使う意義が希薄になりました。

公式発表では「選りすぐった単語を3ワードくらいまでに絞って付けると、投稿のジャンル認定がうまく機能する」とされています。

例えば、「#手料理」「#おうちごはん」「#時短レシピ」などのタグをつけていると、「この投稿は自炊や料理について発信している」とインスタグラムのAIが認識しやすくなり、料理関係の投稿を見る人に露出しやすくなるということです。

いずれにしてもインスタグラムの仕組みによって大きく変わるので、攻略法にこだわらなくても大丈夫です。

リアクションがエンゲージメントに繋がる

ここまでが、フィード投稿でできるファンづくりです。インスタの中にはコミュニケーションを取りやすくなるツールが数多くあります。

中でも、コミュニケーションとして活用しやすいのがストーリーズです。ストーリーズは24時間で消えてしまうため、カジュアルな発信がしやすい点が魅力です。

できるなら1日に1~3投稿くらい定期的に上げてみましょう。24時間で切れないうちに、もう1回次の投稿が上がっていると、「この人の投稿は頻繁に見るな」と気になる存在になりやすくなります。

これがフィード投稿だと残ってしまうので、無意識にかっこつけてしまいがちです。もちろんフィード投稿も消すことはできますが、消さない前提でフォロワーと交流することが多いです。

そこで、フィードでは見られないオフショットを、ストーリーズに載せて使い分ければ発信者も気が楽ですし、見てくれる方も楽しめます。

ストーリーズで「フィード投稿の裏話をする」というのも手です。フィード投稿した料理は完璧でキレイに食卓に並んでいるのですが、制作秘話として「実は1回焦がしちゃいました」とストーリーズに上げれば、意外性が出しやすいです。


ストーリーズに対するリアクションですが、四隅にある「ハート」を押す場合は、発信者が一覧を見たときに、誰がハート押してくれたのか見える程度ですが、スワイプアップしてスタンプを押すと、「○○さんからDM（ダイレクトメール）があります」という通知が発信者には届きます。DMでスタンプが届くので、人によっては喜ばれます。

つまり、気軽な「いいね」のつもりで押すハートから、「一言言わせて！　投稿の話、とてもよかったです」と直接メッセージを送るようなアクションまで、濃度を変えながら交流ができるのです。

ただ、自分がフォローしていない方からのリアクションですと、いったんリクエストというフォルダに届きます。その場合、リアクションのＤＭを送ってくれた方とやり取りをしてもいいと思ったら、「承認」を押して、承認すると私から返信もできるようになります。いいアカウントに育てたいならば、見ず知らずの方ともやり取りをしたほうがプラスになります。

特に最近は、ＤＭのようなちょっと手がかかるコミュニケーションを、使えば使うほど「いいアカウントが育っている」とＡＩに判断されるのです。投稿に「いいね」をするくらいなら気軽にできますが、コメントを送るとなれば、ちょっとハードルが上がるかもしれません。でも、それをすればするほど、いいアカウントと認識されます。

要は、価値がある情報や何らかの発信をして、見た方とやりとりしていて、そのアカウントが活発に動いていると、インスタグラムから評価されるわけです。

さらに、「いいね」だけを押すよりは、コメントやＤＭを通じてより濃く、より深い関係性を持ったほうが、いいアカウントとして見られます。

最近はツールなども使いながら、「コメント欄にキーワードを入れるとDMからPDFデータをプレゼントします」という手法も流行っています。

ひとつでも多く、「個別のコミュニケーションをした」という履歴にして、エンゲージメントを高めたいことの現れです。

視聴の滞在時間で評価を上げる

視聴の滞在時間も評価される基準です。これはストーリーズだけでなく、動画やリール、フィード投稿も、その投稿にどれだけ人が留まったのか時間が加算されるのです。

よくフィード投稿をする中で1枚2枚の写真ではなく、10枚も写真を載せる方がいますが、それは滞在時間を増やす狙いもあります。

つまり写真を数多く投稿すれば1枚につき1秒ずつ見たとして、全部で十数秒も滞在することになるのでアルゴリズム上、良いとされているのです。

お料理のレシピも克明に書いておいたほうが長く見てもらえますし、ショート動画であれば最後まで見てもらえるように、誰もが頑張ってつくっています。

ストーリーズも同様で、1枚の写真であれば3秒ほどで流れきるので、最後まで見てもらえたのか、途中でスワイプされたのかで評価が変わってきます。

●絵文字・顔文字のパーツ

次に、視聴の滞在時間を増やすために使えるツールをご紹介します。

コミュニケーションツールとして、顔文字などのスタンプを動かして熱量のアンケートをとる「絵文字スライダー」があります。

　嬉しいことがあったときにはハートの顔文字をセットし、「嬉しいことがあったよ！」と書けば、フォロワーの共感度合いに合わせて絵文字スライダーのゲージを移動させてくれます。悲しいことがあれば、悲しい絵文字に対しても同様のリアクションをしてくれます。

　参加したからといって何があるわけでもないのですが、だからこそ、ハードルが低く参加してもらいやすいです。

●クイズ・アンケート

次に手軽なのがクイズです。3択クイズや2択のアンケートもありますが、タップすれば完結します。「皆さん、今日はおでかけしますか?」との問いかけと、「出かける」「家にいる」「仕事」など、回答を用意しておきます。

回答した方は、その時点での集計状況を見ることができます。自分は答えたくないけれど、皆さんが何を押したのか気になる方のために「回答だけ見る」の選択肢を用意している方もいます。

このクイズやアンケートの結果は、後から結果だけシェアすることもできます。

例えば、ビジネスをやっている方であれば「何が知りたいですか?」という問いかけとともに、「月商50万円を稼ぐ方法」や「子育てをしながら夫婦円満で自分のやりたいことができる方法」など、いくつか選択肢を用意しておくのです。

その結果、「一番多かったのはビジネスの月50万円稼ぐ方法だったので、これについてセミナーをしたいと思います!」と、次の投稿でスムーズに告知をすることができます。

このようにニーズを確認しながら、フォロワーを巻き込みながら一緒につくり上げる意識でサービスをリリースできるので、より顧客目線の商品づくりができ、販売する際には「すでに関心の高い状態」「販売を待っている状態」ができあがるのです。

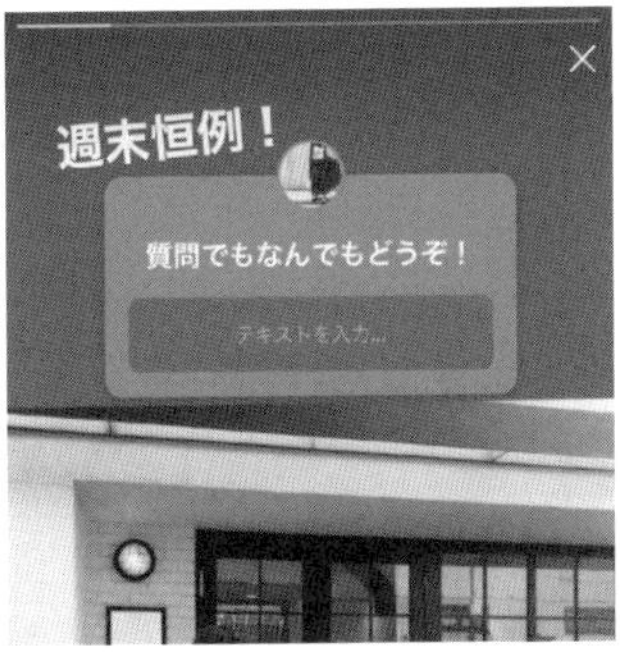

▲自由記述式の例

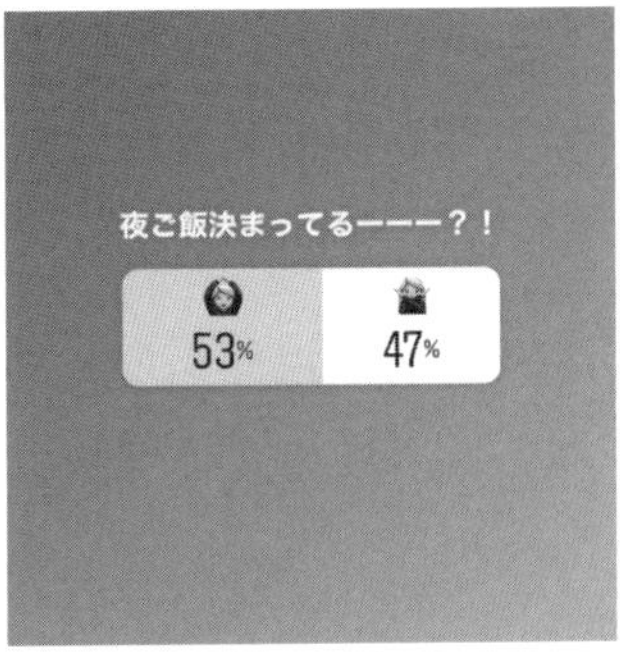

▲2択のアンケート

●自由記述式の質問

もっともハードルが高いのは自由記述形式の質問枠です。「皆さんのお悩みはありますか？」「私に聞いてみたいことありますか？」など、回答の範囲を制限しない質問をします。これをオープンクエスチョンと言います。

そのような質問を投げかけると、もとから強い興味を持ってくれていた方なら「ちょうど聞いてみてかったんだ！」とノリノリで答えてくれますが、決して多くありません。やはり文字を書かなければいけないことに加えて、自分が注目されるので抵抗のある方のほうが多数です。

しかし、これまでお伝えしてきたコミュニケーションツールの「ハードルが低い順」から階段状に設置しておけば、気軽に参加して質問も出しやすくなります。

例えば、はじめに「はい・いいえ」で選択するだけの質問を投げてから、自由記述の質問を投稿するだけで回答者は増えるのです。

こうした試みをしたとき、フォロワーが10人でもコミュニケーションを取れている方はいます。ただ、最初のうちは、自分が自分のアカウントでリアクションするのも大事です。

この自由質問で誰も答えないのは、多くの方が何を書いていいのかわからない状態だからです。

その上で回答を促す方法として、ふたつのコツを実践することをおすすめします。

仮に「好きな食べ物は?」と質問したとします。ひとつは、質問文の余白に「私はインドカレーが好きなんですよね~」と書いてみること。人に答えてもらうには、先にこちらから自己開示することが大切です。

もうひとつは自分がサクラとなり、一般の回答者に扮して「私はエビフライが好きです」と回答する方法です。

このとき回答者の名前は、回答をもらった質問者側は見えますが、フォロワーには公開されません。ですから、自分の回答を取り上げて「エビフライ美味しいですよね」と、自分でリアクションするのです。

そうすると、「回答したら楽しく返事をしてくれる例」ができるので、その次から他のフォロワーも返事をしてくれるようになります。

このストーリーズは自動的に24時間で消えますが、ハイライトには期限なく残し続けることができます。ストーリーズで流したものをハイライトに移動させれば消えませんので、テーマごとにまとめている方もいます。これはビジネスに生かしやすい使い方です。

●オフショット

「フィードには残したくないけれど、ちょっとした日常を発信したい」というときに使います。

ネガティブなことも、ストーリーズだけなら軽く受け止めてもらえます。つらい話やうまくいかないことも、「はいはい」と受け流されて、わざわざ苦情を言いにくる方は出にくいです。言わば、一瞬のシーンを共有するイメージです。

子どもが発熱したら、「熱が出ちゃいました」と出せば皆さん心配してくれて、「うちの子も昔よく熱が出ましたよ」と励ましてくれます。熱が下がり「熱が治まりました」と出せば、「よかったね！　看病お疲れさま！」とねぎらってくれます。

一緒に子育てをして、辛いときも楽しいときも共有しているような温かさを感じられます。

非常に稀ですが、過去には「子どもの発熱で私の仕事が全部キャンセルに……」という話を投稿した際に、「一番つらいのはお子さんですから」と叱責する方もいました。

おそらく、その方は「子どもが辛い時に寄り添っていない親はダメ」「母親が犠牲になるのは当然」という価値観で生きてこられたのでしょう。

ストーリーズのリアクションはＤＭを通して私に個別に届くので、「この人はこう考えるんだな〜」と思うだけです。

これがフィード投稿であれば残ってしまうので、ひとりでも攻撃的な発言があると芋蔓式にアンチや理不尽なことを言ってくる方が湧きかねません。しかし、ストーリーズであればクローズドな場所で言われるだけなので、多少はネガティブなことを伝えてくる方がいても自分と相手の一対一の問題です。他の方には影響ありません。

フィード投稿にコメントを入れるときは掲示板感覚で、顔の見えない相手に対する勢いで言えるのかもしれませんが、ストーリーズだとコメントというよりは、ＤＭに届くので、個人攻撃のような状態になります。

コメントする方もそれを理解しているので言いづらくなります。それに、もし万が一、攻撃的に文句を言ってくる方がいたらブロックすれば済みます。

アカウントは自分の城、コメント欄は自分の庭です。我が家で不快な言動をする方は出ていってもらってＯＫです。

内面のアウトプットをする

内面のアウトプットもファンがつきやすいポイントです。

「まだ答えが出ていないけれど、モヤモヤしていて……」とつらつら書いていると、「この人も悩むんだな」「でも、とてもよく考えていて、この考え方が好きだな」と等身大の姿を好んでくれる方が増えるイメージです。

完結した話でもいいし、完結に向けてもがいている途中でも大丈夫です。

「結論が出ていなければ出したくない！」と頑なに拒む方もいます。もちろんブランディングとして「完璧な姿」を売りにしているなら別ですが、一般人がファンをつける意味では、過程も隠さず出したほうが人柄の魅力が伝わります。

書き方は、前知識がない方にも理解できるようにわかりやすく書きます。ネガティブな本心も、むしろ赤裸々に出したほうがわかりやすいです。

ただ、特定の方を攻撃してはいけません。「あるある！」くらいに抑えましょう。あとは、そこから得た学びや教訓で締めます。

スッキリする結論が出なくても、葛藤も含めて楽しんでいる様子が伝わればいいのです。「まだまだ悩みが続くのですが、これもまた修行だと思って頑張ります」「もがいている姿を見守ってください」と書くといい具合にまとまります。

また、ビジネスをされている方なら、クライアントに対して、「〇〇すべき！」と正論の押しつけをしがちです。

例えば「できない理由を探すのではなく、できることをやりなよ」「考えてばかりでなく、動かないとダメだよ」と厳しい言葉だけいうと、受け取った方は責められているような感覚になり、苦しんだり反発心が湧いたりすることでしょう。

頭ではわかっているけれど、実際には行動できないから困っているのです。

しかし、「私も昔はできがなかったけれど、こういう考え方をしたら行動できるようになったんです」と実体験のエピソードを交えると伝わりやすくなります。

「私もはじめはそうだった」「失敗したから共有するね」の姿勢があれば、頭ごなしの正論ではなく、同じ目線で並走してくれる安心感を得てもらえるのです。

実体験をメッセージの中に盛り込んで、「結果、こういう考えを持つようになった」と落とし込む指導的な助言は、このスタイルで何事も解決します。

これはSNSの発信だけにとどまりません。

私のクライアントの中に、ビジネスの講座を開講している方もいますが、最初は「先生は正論ばかり言ってるから聞きたくない……」「ダメなことばかり指摘されて苦しい」と、その方の教え子が前向きに行動してくれないことに悩んでいました。

しかし、実体験をもとに助言する方法を取り入れたところ、「先生の言うことについていきます！」と向き合い方が変わり、成果も出るようになったそうです。

人のアカウントのメンション

人のアカウントをタグ付けして投稿すると、「〇〇さんにメンションされました」と相手に通知が行きます。そしてメンションされた方は、その投稿を自分のストーリーズにシェアすることができます。

ですから影響力のある方に投稿をシェアされると、自分のことを認知されやすくなるという意味で、先に繋がりたい方をメンションしていくのはおすすめの方法です。

基本的に知らない方のことをメンションしても、悪いように書かなければ大丈夫です。心配ならDMなどで「ストーリーズでご紹介していいですか？」と確認してからのほうが安心でしょう。

人にもよりますが、やはりシェアしてもらうと嬉しい方が多いと思います。「〇〇さんのレシピを作ったら、家族に喜ばれました！」とメンションして投稿すると、その○○さんがシェアし返してくれるかもしれません（私ならシェアしたくなります）。

つまりレシピをつくった人の影響力が強ければ、そのフォロワーがこちらのアカウントを見に来る可能性が高まり、顧客の共有ができる。相乗効果が生まれるのです。

ストーリーズのハイライトの活用

ストーリーズのハイライトは、ひと通りフィードやプロフィールを見たあと、もっと深掘りしたいときに見られることが多いです。

ハイライトはテーマごとにまとめやすいので、はじめましての方でもハイライトから自己紹介などをひと通り見て、人物像のイメージをしてもらえます。整理された情報が載っているため、ハイライトをつくっている人は、「しっかりとアカウントづくりをしている人」と思われやすいようです。

ハイライトの機能は、基本的にストーリーズをバックアップするものです。どのストーリーズを選択するのかを自分で決めれば、カテゴリごとにまとめて残すことができます。

レシピの話であれば、「新作レシピ」や「バズレシピ」と分けられるし、ビジネスをしている方であれば「ビジネスをするまでの経緯」や「提供中サービスのメニュー」、旅行が好きな方であれば「国内」「ヨーロッパ」「アジア」と分けられる、ブログのカテゴリのようなものです。

そのカテゴリに該当するストーリーズだけをまとめた雑誌をつくる感覚です。1カテゴリに100件まで入れられます。

私の場合、今はサービスを受けてくれたクライアントの声や旅行記のハイライトを置いています。

過去にはカメラを買ってすぐのときに、撮影の練習用のストーリーズをたくさん載せて「カメラを頑張ってます！」と発信していました。これはＰＲを依頼してくる企業担当者に、「スマホじゃなくて、本格的にカメラで撮っている人なんだ」と思っていただけるようにアピールする狙いです。実際に、条件の良いＰＲ案件

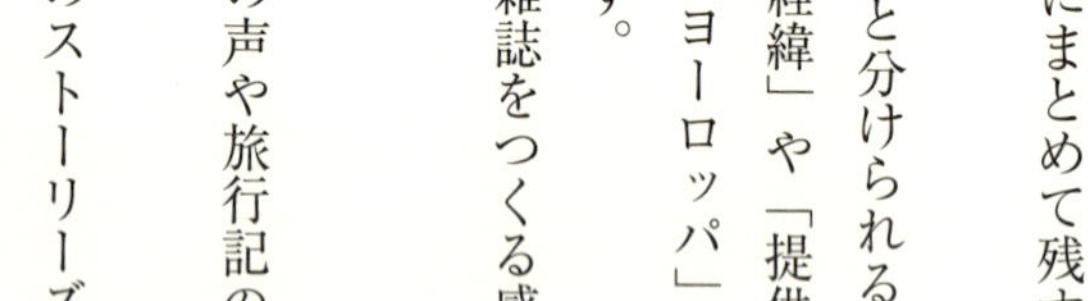

が増えました。

ハイライトの位置は、新しいストーリーズを1枚でも追加するとカテゴリごと一番左側に移動する仕組みです。その仕組みを利用して、ＰＲがほしいときは、食レポやカメラで撮影した写真をまとめたハイライトが左側にくるように設置し、集客の時期になると自己紹介やクライアント実績が目立つところに入れ替えています。

ストーリーズを追加して一番左側にカテゴリが移動したのを確認した後は、不要なものを抜けば、ハイライトの位置は移動したまま中身は必要なものだけ揃います。

順番は自分で考えた上で追加しなければいけないので少し手間はかかりますが、そのようなこともできます。

ビジネスをされていて、別媒体を持っている方ならメニュー表もここにまとめて、ストーリーズにひとつひとつリンクをつける方法もおすすめです。

例えば、「コーチングセッションについてはこのブログを見てください」「グループコンサルティングについてはこのブログを見てください」と、詳細が書かれたブログに飛ばします。

フィード投稿にはリンクが貼れないので、ストーリーズにリンクを貼って誘導するのです。

ハイライトの注意点としては、ストーリーズで投稿した順にハイライト内も並んでしまうこと。ハイライト自体の順番は変えられますが、ハイライト内では順番を動かせませんから、時系列がある場合は、その時系列通りに投稿する必要があります。

【自己紹介の事例】

これは私の自己紹介の例です。紙芝居のように1枚1枚、「こんな人生を歩んできました」と写真と一緒に載せることができます。

ひと通り見れば、どういう人なのかがわかりやすくなります。ストーリーズで流している最中からリアクションも得られますし、まとめた後はいつでも見られる自己紹介のハイライトになります。

ストーリーズは1日に1~3本と話しましたが、ストックしていたものの枚数を気にせず流していき、その後にハイライトにまとめていく方もいます。

数が多過ぎるとアルゴリズム上、露出しにくくなるので、多くのフォロワーに見せたいのであれば1日3投稿くらいまでに抑えたほうがいいでしょう。

コアなファンにだけ、とりあえずリアルタイムに届けたいのであれば、1日何投稿しても大丈夫です。どれだけ多くても関心のある人は見てくれます。

ハイライトのカテゴリ分けは、厳密に決めていない人も多いですが、ビジネスで活用する方は計画的にされています。普通のPR目的なら、そこまで真剣に考えなくても大枠をつくっておけばいいでしょう。

【旅行の投稿事例】

旅行中は、思いついたときに気ままに投稿して、最後にハイライトにまとめることが多いです。

第2章でご紹介した沖縄旅行のストーリーズですが、6月10日の夜におすすめの観光スポットを質問する投稿をして、翌日から集まったコメントを拾いながら、回答投稿をしました。6月11日の時点で7投稿して、6月12日は8投稿です。そして帰宅後に落ち着いてからハイライトをつくりました。

自己紹介のようにつくり上げて残すものはハイライトに入れるストーリーズを吟味していることが多いですが、旅行記の場合は深く考えず全部まとめます。

いただいたコメントへのリアクションの仕方

いただいたコメントにはリアクションします。お返事をしたほうが喜ばれるし、エンゲージメント率アップ、アルゴリズム上もポジティブに働きます。フィード、ストーリーズ、ハイライトの全てです。

ハイライトへの返事は、ストーリーズと同じ扱いになるので直接DMでもフィード投稿のコメントでも、お返事はしていたほうが喜ばれると思います。

コメントを返すのは、自分のコメント欄で十分です。余裕があれば相手のアカウントに出向いて投稿をチェックし、自分のコメント欄の返事に投稿の感想も添えると関係性がグッと深まります。

しかし、返事をするのが苦手な方もいます。その場合は、「見たよ」という気持ちで「いいね」を押して、お返事は次の投稿で「前の投稿にコメントありがとうございました」と書いてもいいでしょう。

また、プレゼントキャンペーンに応募する際と同じで、「こう言われたらこう返す」という定型文をつくっておくと作業的にも心理的にも楽になります。

私は「あ」と打つと、定型文のユーザー辞書で「ありがとうございます」が出るようにしてあります。ユーザー辞書はスマホの機能です。

他にも、「あけ」と打つと「明けましておめでとうございます！　本年もよろしくお願いいたします」が出るようにしていますし、ＰＲ投稿の完了報告用に「おせ」と打つと「お世話になっております。先ほど投稿が完了いたしましたので、以下、ご報告いたします」と出るように設定しています。

ひとつひとつの行動への負荷と、考える時間を減らして、思い立ったらすぐできる状況にしておくのが快適にインスタを続けるポイントです。

アクションブロックへの対応

アクションブロックというインスタの規制がかかることがあります。投稿ができなくなるパターンや、「いいね」などコメントができなくなるパターン、投稿も「いいね」もコメントもできないけれど、ストーリーズだけ載せられるパターンがあります。

アクションブロックは何の予兆もなく規制がかかります。これは「いいね」などコメントを大量に返す行為を、機械の仕業だと判断されてしまうためです。スパムなどを送りつける迷惑アカウント的だとＡＩが勝手に判断して、行動規制しています。

そのようなときでも１００％動かせないわけではなく、思考錯誤しながらやってみると、あれができない、これもできない……「でも、これならできる！」とわかるのです。そしてアクションブロックは急に解除されます。

アクションブロックがかかっている期間は、返信や投稿ができなくなります。そこであえて「しばらく活動できません」「いつもお返事もらっているのに、すぐ返事が返せなくてすみません」と発信すれば、温かく励まして見守ってもらえます。

「今はブロックがかかっています」と言わなくてもいいのですが、一緒にトラブルを乗り越えているスタンスにすると、「早くブロックがあけるといいね」と応援してくれる方も増えます。

第 6 章

絶対外せない
写真撮影のコツ

❖インスタグラムでは写真がもっとも重要

インスタグラムはビジュアルメインのSNSですから写真には力を入れましょう。前提として、「自分の心地よさ」を最優先するのが重要です。

なぜなら、インスタグラムにはカメラマンやアーティストなどプロも参入しているので、技術を追い求めると終わりのない世界だからです。闇雲に技術を目指すのはやめて、自分好みのテイストを目指すことを念頭に置いてください。

とはいえ、最初のうちは好みのテイストがわからないと思います。その場合は、サンプルになるような好きな投稿をどんどん保存してみましょう。何も考えず、「なんとなく好き！」というものを大量に保存します。

保存する先はスマホのアルバムでもいいのですが、私はインスタグラムの保存機能を使っています。「食べ物」「立ち方」「景色」などカテゴリごとに、「コレクション」というフォルダをつくれるので、整理するときにはとても便利です。

そして後から振り返ったとき、「私って白っぽい明るい写真が好きなんだ」、逆に「ちょっとクールで暗い感じが好きなのか」という共通項に気づくと思います。最初は自分の好みを言語化できなくてもいいので、まずは写真を集めていきましょう。

そうやって集めた写真を参考にして撮っているうちに、自分の好きな写真のテイストが徐々にわかるようになってきます。どアップで撮りたいのか、それとも引きで撮りたいのか、カラーをどれだけ入れたいのかも、撮影していく中で定まってくるものです。

本章では、どんなテイストが好きな方でも使える構図や小物の使い方、機材などの簡単なテクニックをお伝えします。

私がインスタグラムで発信をはじめたときは、とても狭くて古い家に住んでいたので映える撮影スポットは家にありませんでした。

しかし、ちょっとした工夫で「おしゃれなお家に住んでいますね！」と羨ましがられるほど、見栄え良く撮影することができたのです。

ですから家が広くなくても、室内が洗練されていなくても、写真のセンスに自信がなくても大丈夫です。

また、発信を頻繁にしていこうとすれば、それなりのクオリティがある写真を「時短」で生み出すことが不可欠。これからご紹介する方法を楽しく続けるためのヒントにしながら、あなたなりの「好きな感じ」を探していただけたらと思います。

まずは撮影環境を整える

最初にするのは、撮影環境を整えることです。光の重要性についてお話しします。

上の写真は家の蛍光灯の下で、光の位置も影のことも、何も考えずに撮ったものです。同じ花でも自然光の下で撮ると、下のようにキレイに撮ることができます。

ただ、天候に恵まれないと仕方なく屋内照明だけで撮るときもあるので、光量が足りなければライトを足してみましょう。

私はオンライン会議でも使っているライト「LEDリングライト」(Electown)を撮影時にも活用しています。太陽光のような一方通行に差す光を当てられるのです。すると、自然光が窓から差し込んでいるように見えてステキな写真になります。

映える構図ってどんなもの？

次は映える構図です。これらはあくまでも参考で、「このように撮らなければいけない」ということはありませんが、意識するだけでもオシャレで見やすくなります。

●日の丸構図

これは被写体をフレームの真ん中に置いて真上から撮るスタイルで、丸い被写体やお皿など高さがないものほど相性がよいです。

フレームのど真ん中に置くとインスタ映えしやすいです。特に余白が出てくるので、すっきりとスタイリッシュな印象になります。

●シンメトリー構図

左右対称や上下対称です。真ん中に線を置いて対称になるように撮るとアーティスティックに見えやすいです。

小物を置いて撮影するときだけでなく、街並み・自然を撮るときも活用できます。

●三分割法

横と縦２本ずつ線を均等に引いて九分割したとき、その交点に見せたいものを置くことで強調できる手法です。

空間の雰囲気も伝わりやすくてオシャレに撮れます。下の交点でなく上でもＯＫです。

●対角線構図

奥がすぼまり、手前に近づくにつれ広がっていく構図。壁と一緒に撮れば奥行きや立体感、躍動感が出やすいところがポイント。

似た構図に、収束点を真正面から撮り、四方に広がって伸びていく放射線構図もあります。臨場感とダイナミックさが演出できます。

ちょっとしたアイテムを取り入れよう

家で撮るにあたり、「そんなにキレイな場所ではないし広くないから……」と不安な方もいらっしゃるでしょう。しかし、これから紹介するちょっとしたアイテムを活用することで、室内写真がグッとよくなります。ぜひ参考にしてください。

●壁紙

普通のリフォーム会社さんで扱っている壁紙で大丈夫です。サンゲツなどの壁紙サンプルで、小さいものならA4サイズから売っています。これを背景にすれば、アクセサリーなど小物なら十分に撮れます。

私がよく利用している「壁紙屋本舗」(https://kabegamiyahonpo.com/)なら、1メートル×2メートルのサイズが400円くらいで売られています。大理石模様の紙を使えば、まるで大理石の床の豪邸に見えます。他にも打ちっぱなしのコンクリート柄やレンガ柄の素材などもあります。

家がどれだけ散らかっていても、１メートル四方のスペースさえ確保できれば壁紙のおかげですっきり見せられるのです。これならお子さんと忙しく過ごしていたり、狭い家に住んでいたりする方でもかっこよく見える写真が撮れます。

この写真では横に寝かせて使っていますが、壁に貼りつけて自分が前に立てば、オシャレな壁に自分が映っている写真も撮ることができます。

●コンクリート風壁紙

クールで洗練された印象

●塗り壁風壁紙

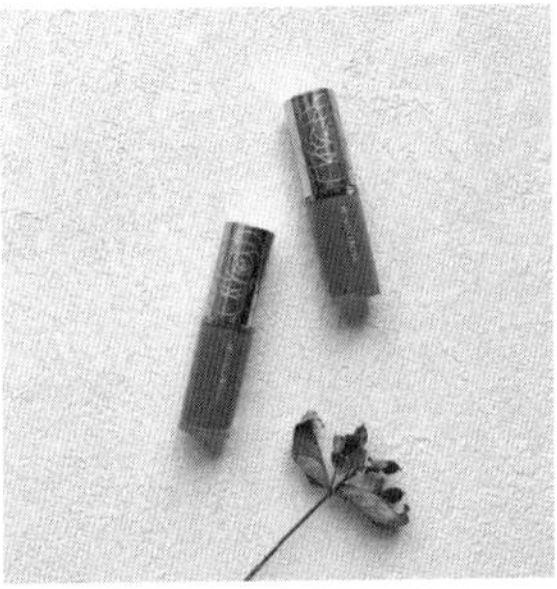

清潔感を演出

●大理石風壁紙

高級感のあると上質さが伝わる

●洋服

お洋服を使うのもおすすめです。ロングスカートやカーディガンは布地が多いので、置いたときにボリューム感が出やすく、布のしわも味わい深い演出ができます。

後ろに敷いているのは全てスカートです。綿のスカートはヘルシーな、海岸を思わせる雰囲気が出せるし、ナイロンの艶があるスカートなら高級感が出ます。レースならガーリーで清楚な印象になるので、撮りたいもののテイストに合わせて敷く服を変えます。

●綿スカート

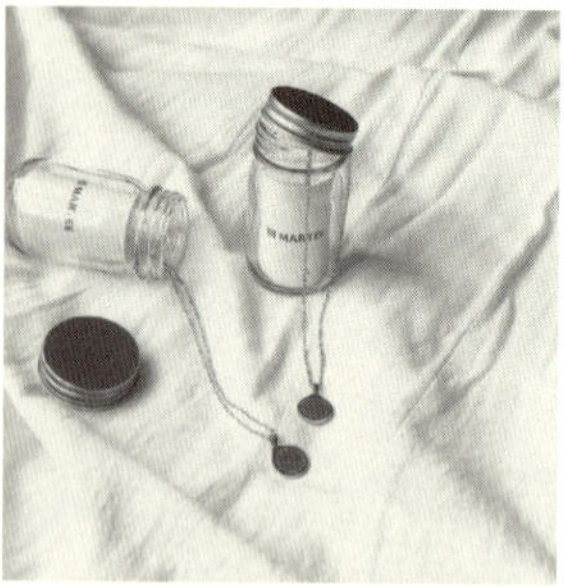

ヘルシーで元気なイメージ

●ナイロンスカート

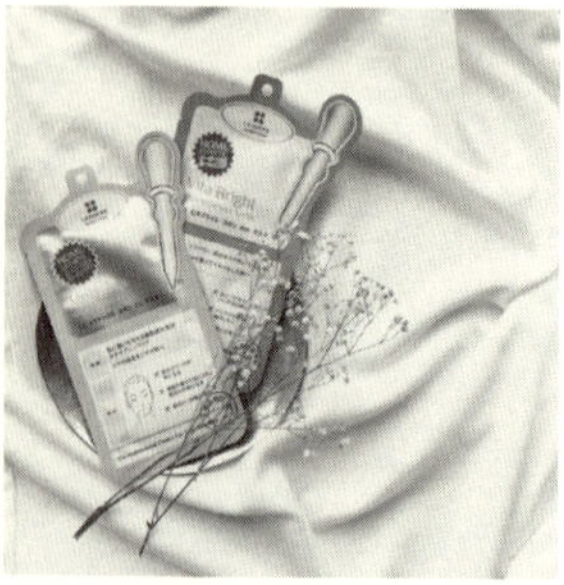

艶感があるので品良く見える

●レーススカート

ガーリーな雰囲気

●屋外

室内撮影に飽きたら、私は外で撮影していました。マンションの床や、渋谷の商業施設の壁。それにカフェのテーブルなどを背景にすればオシャレな写真に仕上がります。

●小物

小物を添えると季節感が演出できます。ダイソーの貝殻の詰め合わせや、3COINS（スリーコインズ）で集めたものを添えるだけでオシャレに見えます。

お花もカスミソウ1本さえあれば生花として飾ってもいいいし、ドライフラワーにしてもいいいし、影だけでもかっこよく見えます。もちろん造花でもＯＫです。

息子のブランケットや100均グッズで華やかに

好みの壁やタイルを探すのも楽しい

●ドライフラワー

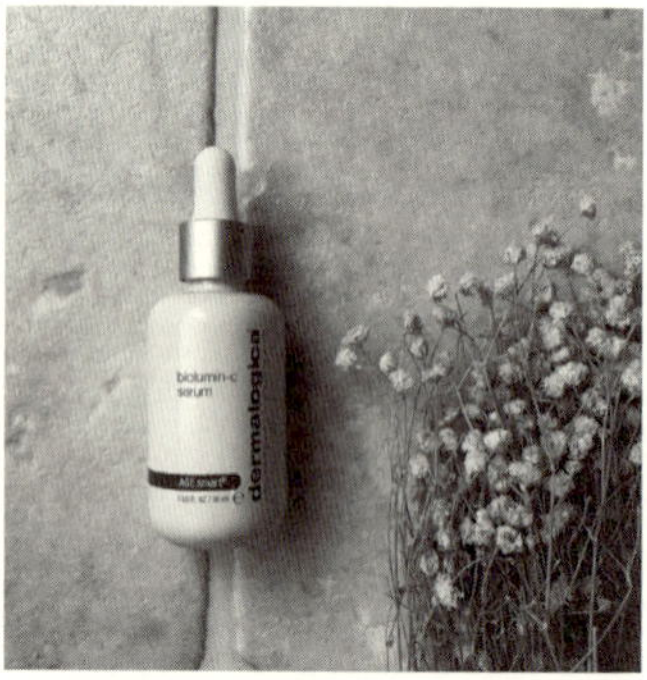

アンニュイなテイストに

●花の影

影も活用するとマンネリ解消に

●人の写り込みで商品の魅力をアップさせる

人が少しだけでも写ると、そこに物語性が生まれます。

モノが整って置いてある写真は見やすいですが、そこに少しだけ子どもの手元が写ると今にも飲もうとしているような動きで変化がつきます。

人が写っている写真とそうでない写真で、どちらが好きかアンケートを取った際には、「カッコいいのは人が写ってないほうだけど、親近感なら人が写っている写真。自分が今から飲もうとしている気分になれて楽しいのはこっち！」という結果が出ました。

写り込みあり

手や体の一部が入るだけでストーリー性が出る

写り込みなし

「ザ・PR」な物撮りでは公式サイトみたい

オシャレな写真は突き詰めれば、プロが撮影した商品写真のようになります。

商品をキレイに魅力的に見せることはもちろん大事ですが、そこに人間味が入ることにより、「本当に食べている」というリアリティが伝わります。

「美味しかった！」という感想を載せるときも、食べている写真があればこそ、より一層「美味しかったんだろうな〜」という共感を得られるのです。

これがキレイな商品写真だけなら、もしかしてどこかから借用してきた写真かもしれないし、「ＡＩでつくった加工品かも？」と疑われてしまうこともあります。もちろん、プロのカメラマンが、撮影のオファーを獲得する目的ならば話は別ですが。

ＰＲ案件では、採用されたインフルエンサー全員に同じ商品を渡されます。他の方と同じように「ここに行ってきました」「食べました」と美しいだけで人間味のない写真ばかり撮ってしまうと、わざわざあなたにお願いする意味がありません。

誰もが美しく撮ろうと努力しますすし、今はそのような機材が揃っています。加工できるアプリも多数あるので、皆さんレベルが高くなっています。

しかし、使っているシーンがイメージできるような「自分らしさ」が入るだけで、自分にしかできないリアルなレビューになるのです。

だからこそ、フォロワーに「その商品いいな」と納得してもらいやすくなり、企業から見ても、「この人は本当に使ってくれてるんだ」と伝わります。

スタイル5割増しのテクニック

私は決してスタイルが良くないのですが、「いい感じに映ってるね！」と誉められます。それにはスタイルが悪くても、かっこよく見せるコツがあるからです。

●壁に寄り掛かる

壁に寄りかかり足をクロスさせます。そして、どちらかの足を前に出せば足長効果が得られます。また、お腹のくびれあたりに手元を置けば、胴長に見えづらく、お腹の膨らみも隠せてスタイルよく見えます。

壁に寄り掛かると遠近感で足長効果

頭をカットすると脳内補正でスタイル良く見える

顔出ししないからこそカットが強みに

●顔をカットする

私は顔出ししないインフルエンサーだからこそですが、顔を切っていると、この先には「これくらいのサイズの顔があるはず」「こんな感じのキレイな女性がいるのでは？」と見る側が勝手に脳内補正してくれて、自分好みに想像してくれます。

私は顔を一度も出したことがないのに、「美人さん」と言ってもらえます。

ちなみに、これらの写真は三脚を置いて自分で撮りました。Bluetoothで繋がるので、遠隔操作で角度を調整しながらシャッターを押しています。頭だけでなく足元も見切れさせると、その先に「きっと長い足が繋がっているんだろうな」と想像してくれます。

●パーツだけを撮る

「ファッションインフルエンサーになりたいけれどスタイルに自信がない」という方なら、身体のパーツを一部切り取って出すだけでも十分です。特に座っている状態で、上から下に向かって映していたら、もはやスタイルがいいのかなんてわからなくなります。

全身を撮ると「バランスが悪くてかっこつかない……」と自信のない方でも、パーツだけであればオシャレに見えたりするものです。

●足元だけ撮影

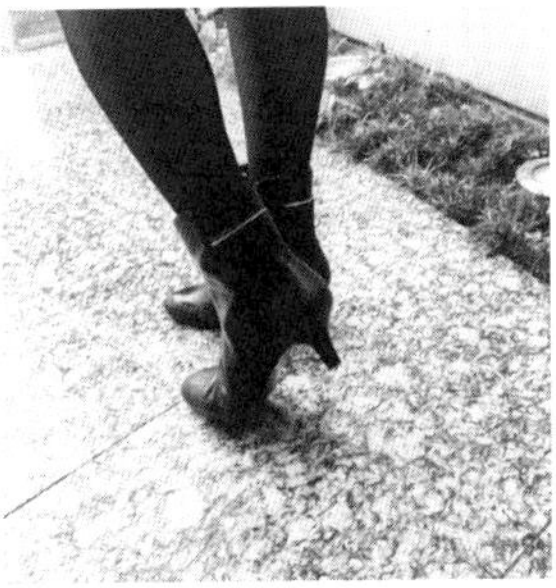

スタンドとBluetoothシャッターでパーツ撮りもラク

●胸元だけ撮影

全身を写さなくてもファッションPRはできる

●座って撮影

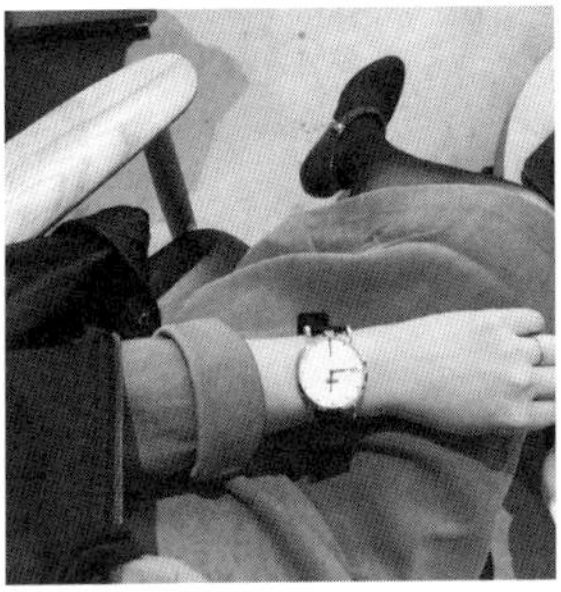

スタイルに自信がない人へおすすめのアングル

インスタグラムならではの撮り方とは？

撮影テクニックの最後は、インスタグラムだからこそ映える撮り方の紹介です。必要なのは被写体だけ。特別な撮影技術ではなくて、ちょっとしたコツで誰にでもできます。ぜひ、チャレンジしてください。

●アップで撮る

逆に、余白がなくなる形で思いっきり寄る撮り方もあります。食べ物にぐっと寄れば、美味しそうな「シズル感」がより伝わるので、見切れさせるくらいのどアップもおすすめしています。

グッと寄って撮ることで美味しそうに見える

●余白をつくる

インスタグラムでは、余白があるだけで好きかどうかに関わらず注目されやすくなります。ハッシュタグで検索をかけて出てくる写真は、隙間なく敷き詰められる形で表示されます。ですから、その中で余白があるだけでも目立ちます。

余白があるだけで、シンプルにまとまり簡単にオシャレ感を出せるのです。小物をあしらわなくても済む点でも余白はおすすめです。

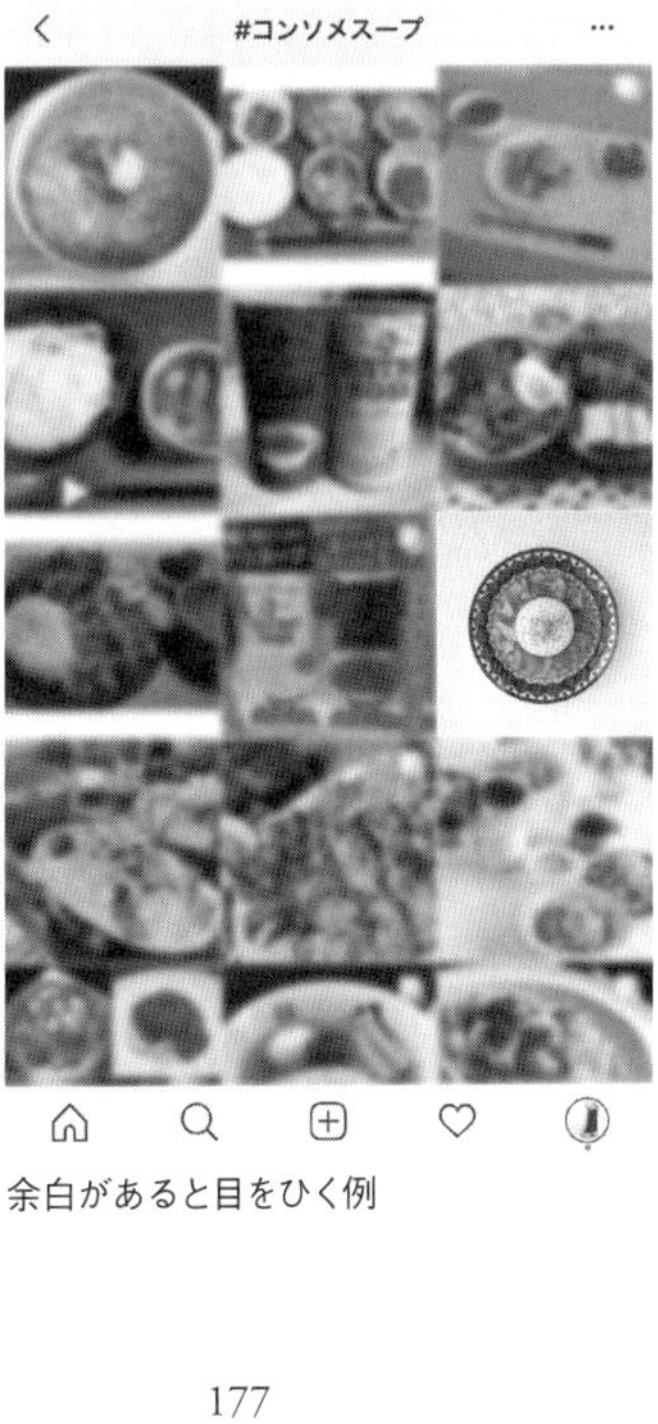

余白があると目をひく例

子どもの目線は目新しさが感じられる

高さのある被写体は真横からがgood

●真横から撮る

自分より小さい被写体を撮るとき、自分の目線から下に向かって撮ることが多いのではないでしょうか。しかし被写体と同じか少し上からの目線で撮ると、高さのある被写体なら同じ目線で見たような面白さ、臨場感が出やすいです。

特に子どもは上から見下ろして撮ることも多いですから、あえて目線を子どもの視界に合わせれば他の発信者と差別化ができます。

●整列させる

「#置き画くら部」というハッシュタグがあり、そこに置き方を工夫した猛者たちがしのぎを削っているのですが、お互いに置き方を参考にしたくて保存する方たちも多いです。

やはり「かっこいいアカウントをつくりたい」、「オシャレに撮りたい」というニーズがあると思います。私自身も、テーブルコーディネートやファッション置き画の参考にしています。

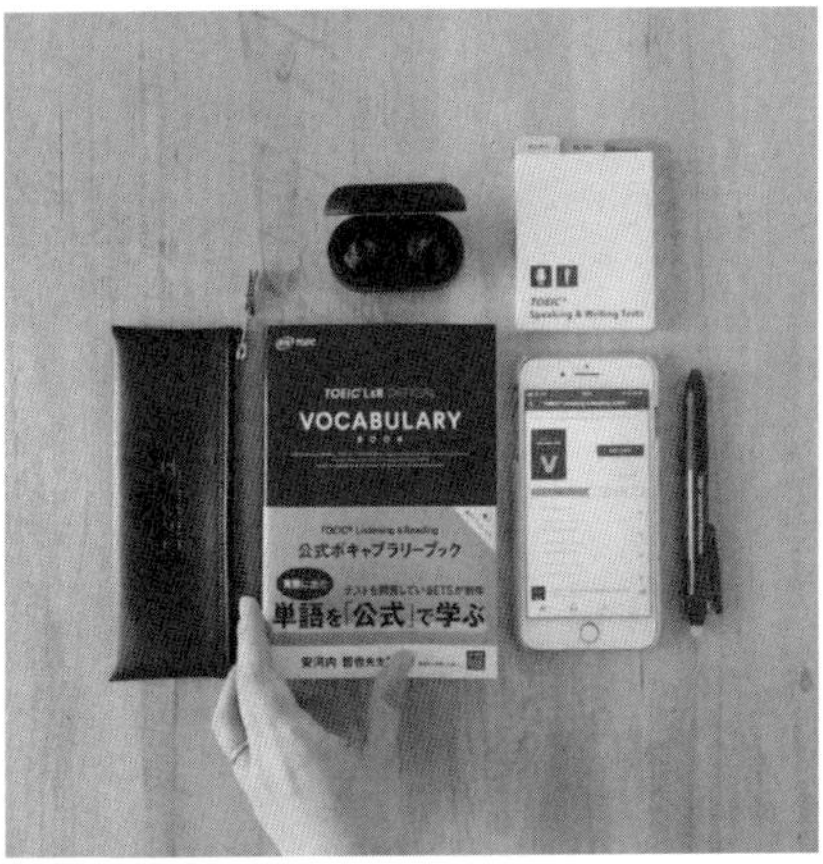

キチッと並ぶとより美しくアースティック

簡単な加工で写真を映えさせよう

自然光で撮影をしていると、スマホのカメラ機能のままでは写真が暗くなるケースがあります。そのようなときは、影を抑えたり、色が飛ばないように彩度を上げたりという加工をインスタアプリ内でしてみましょう。

本項では、インスタグラムのアプリを使った基本的な加工テクニックをお伝えします。フィルターや編集をするだけでも、自分好みのテイストに近づけることができます。

●インスタ加工の使える機能

調整：傾き・上下左右の比を変える

明るさ：写真全体の明るさ（暗い色味の場所は白飛び注意）

コントラスト：強めるとアーティスティックでくっきり。優しい雰囲気が好きなら弱める

ストラクチャ：素材感が伝わる。粒子が感じられる

暖かさ：色温度を上げると赤くてほんわかした印象に。クールにしたいなら弱める

彩度：色味をくっきり強調。食べ物を美味しく見せるなら上げる

色：全体に色を薄くかけることができる。ヴィンテージ風、姫系などコンセプトによって

フェード：霧のかかったようなふんわりとした雰囲気に。肌が綺麗に見える

ハイライト：白い部分だけの明るさを調節

シャドウ：暗い部分だけの明るさ（暗さ）を調節

ビネット：外側に陰影をつけるヴィンテージな雰囲気に

ティルトシフト：外側をぼかすことができる。注目させたいものがあるなら使用しても

シャープ：キリッとした印象に。コントラストよりも優しく整う

第7章

上級編
ビジネス集客にも使える！

PRからビジネスへ

第7章は、インスタグラムをビジネスで活用したい、個人の力で稼ぎたいという方へ向けた内容です。

「ちょっとお得に暮らしたい」という方ならPRに向いています。それこそ三輪車や、すぐサイズアウトする子ども服を無料でいただけたら嬉しいものです。流行の育児アイテムがもらえたら毎日の生活も潤うでしょう。

これが「お金そのもの」を稼ぐとなると、今は様々な選択肢があります。

インスタグラム自体も収益化を支援しているのです。

例えばインスタグラムでは「バッジ」というインスタライブ配信者への投げ銭制度があり、配信者の収入になる仕組みがありますし、オンラインサロンという形で月額数百円など、自分で金額を設定できる有料会員向けのサービスも始められます。

あとは、投稿を見られた回数に準じて、インスタグラム側から広告料をもらえるようになりました。こちらはボーナス制度と言われています。

既に多数のファンがいる人や、目を引くコピーライティングでインパクトを持たせて、その再生数で稼ぐ人も最近は出てきました。

こうしたインスタグラムが持っている仕組みでの収益化は徐々に人気が出てきています。

さらには、個人起業家がインスタを露出・教育のプラットフォームとして利用し、自分の商材を売って稼ぐという使い方があり、成功すれば青天井に稼げるパワーを持っています。


では、どのようにインスタグラムをビジネスで活かすのか？　具体的に何を売っているのか？　どんなコンテンツがあるのか？　というと、これもまた多種多様です。

ダイエット、ＳＮＳ集客、占い、スピリチュアル、ハンドメイド、コーチングなどジャンルは様々。ネットだけで完結するものもあれば、実店舗のあるビジネスもあります。

現在は「その人に合ったビジネスをどうやったら構築できるのか」という分野にニーズがあるので、ビジネスコンサルタントが急増しています。


ただ、大多数の方が行っているインスタグラムのアルゴリズムに沿っただけの手法は、マーケティング知識、最新のインスタグラムの機能、流行、ノウハウに翻弄されることになり、それに疲弊する人もたくさんいます。

いつもライバルを分析して、有益と思ってもらえる質の高いコンテンツをつくろうと睨めっこして、外部露出する視点と既存フォロワーへの信頼獲得の視点を両方考えて、「こんなに大変だなんて……」とげっそりしている起業家は少なくありません。

❖ご縁や自分の気持ちを大切に

私の差別化ポイントを伝えるのに「リール不要、ライブ不要、顔出し不要、情報系のお役立ち情報も発信不要でも売れます！」というキャッチフレーズをよく使います。

私はアルゴリズムを活用しながらも、より本質的な部分を大切にしているのです。

それは自分のペースや心地よさを保ちながら、人と人とのコミュニケーションを大切にすること（画面の先には生身の人間がいることを意識して発信・交流すること）に重きをおいた運用です。

この手法が成り立つことを自覚したのは2021年の春でした。

「顔も出していないしマーケティングを学んだこともないのに、どうして私はいつも集客できるのだろう？」と振り返ると、私の考え方や人となりに信頼を置いてくれている方が集まってくれたことに気付いたからです。

これが1～2回であれば偶然かもしれませんが、2019年に起業して以来、ずっと続いているので、そのようなスタイルで集客するのも認めざるをえないと思ったのです。

2020年12月に第二子の娘を出産してから3カ月後の、2021年3月。インスタの継続講座を販売したところ、ひと月で700万円の売上がありました。

それまでの8カ月間は「子どもが生まれました」と発信をするのみで、ろくに集客に関わる発信をしていなかったのに、商品を出したらたくさんの方に買っていただけたのです。

理由のひとつは口コミです。それまでに私の講座を受けてくれた方がすばらしい変化を起こしてくれたので、「インスタをやりたいのなら、ぬつさんのところに行ったらいいよ」と紹介してくれり、私のクライアントの変化を見て、「最近インスタすごいけど、何かあったの？」と興味を持ってくれたりしたおかげで、広告も出さずに集客ができました。

もう一つは、私が実践しているビジネススタイルに賛同してもらえたためです。

一般的に、多くのインフルエンサーは多少無理をしながら、必死に投稿をしているイメージがあるようです。

本当は抵抗があるのに自分や子どもの顔まで出している人、少しでもよく見せようとやり過ぎて疲れている人がいるのは事実。

一方で私は「今はなんか違うな……」と思ったら投稿しません。心が乗っている状態を大事にしています。顔出しの有無だけでなく、「これをやらないで済むならそれがいいな」「このやり方で上手く行くならこっちがいいな」をひとつひとつ試しながら自分にとっての心地よいスタイルを確立してきたのです。そういったスタンスから、「子育てもしながら無理をしないで、自分のペースで成功しているインフルエンサー」だと認知していただいているのだと思います。

こうして宣伝もしていないのに1カ月で700万円を売り上げることができたので、この勢いでもっとビジネスをやってみたら面白そうだ考えました。

正直なところ、この時はまだ「これは偶然かもしれない」という感覚もありましたが、繰り返し「口コミからのご縁」と「自分の気持ちが乗るペースでの投稿」を続けていた先に、月商1000万円を得られるほどになり、自身のやり方の再現性に自信がもてるようになったのです。

インスタグラムで集客は難しい？

今やインターネット上でモノを売りたいときは、インスタグラムを集客ツールとして使うのが主流になりつつあります。

実店舗でいうと、私は大手ホームセンターのアカウント運用を任された経験があり、1000人しかいなかったアカウントを、1万人まで増やすサポートしたことがあります。

昨年インスタ講座を受けてくれた方は週末限定のカフェ起業をされており「今までは週末2日間の実客が20人来るかどうかだったのが、インスタで発信をしてみたら100人になった！」と驚かれました。

インターネット上でコンサルティングを売りたい場合でも、リアル店舗やリアルイベントに人を呼びたい場合でも、インスタグラムは有効に使えます。

また、自分のコンテンツ・サービスを持っていて、「今までブログやFacebookで集客していたけれど、これからはインスタグラムを使って集客をしたい！」という方の期待も叶えられます。

アメブロで集客をしていた方が、私の講座に入ってインスタを集客利用しはじめ、1カ月半でアメブロ経由の売上を抜いたと教えてくれましたが、インスタは趣味感覚で取り組める上に結果が出るのも早いSNSです。集客を自分もできるようになりたいし、クライアントにも教えたいという方がとても多いです。

こうしたネット起業の集客に加えて、店舗の美容院やエステサロン、ネイルサロンなどの美容系サロンの集客、それから飲食店などの実店舗でも集客にインスタグラムを使いたいという声が増えています。

実際、これまでの受講生にはネット企業家の方もいれば、エステサロン経営者のように実店舗を持つ方も多数いらっしゃいます。

ビジネス集客の基本と新規顧客獲得ノウハウ

インスタグラムの新規顧客を獲得するためには、様々な人の目の前に現れて（露出して）認知される必要があります。そして商品購入まで至るには、認知された後に教育が必要です。

露出とは、見込み客とコンテンツホルダーが出会うことです。露出の機会が増えることで、多くの人に自分の存在を知らせることができます。

そして教育とは、願いが叶った嬉しさを感じてもらったり、逆にやらなかったときに感じるネガティブな感情を抱かせたりと、「気持ちづくり」をするもの。「こんな生活したくないですか？」という理想を得るための行動を促す提案や、逆に「このままでいいのですか？」と苦痛を回避するための行動を促し、商品の必要性に気付いてもらうのが教育です。

これをインスタではいろんな角度から投稿をしていきます。

例えば、私が最近開講しているコーチングの講座の見込み客に、ＳＮＳ集客で苦戦している人がいるとします。「いろいろなビジネスノウハウを学んだものの、なぜか商品が売れない……」という人は、「まだノウハウが足りない」と思い込んでいることが多いです。

しかし、ここで「あなたはたくさん学んできているので、すでにノウハウは足りていると思います。あとは行動することに抑制をかけているマインドの引っ掛かり・心理的ブロックを取り除けばいいだけです」と伝えます。そうすると「あ、そうか！　私にはコーチングが必要なんだ！」と気付くのです。

その他の事例でいうと、過去のクライアントに、栄養バランスを整える「食べて痩せるダイエット」を提案している方がいました。

痩せたいけれど、厳しい食事制限をして運動するのは気が乗らない……。そんなときに、「大丈夫です！　しっかり食べても健康的に痩せます。運動不要なダイエット方法を私が教えられます」と発信すれば、「そのやり方なら、私もできるかも」「これまで痩せられなかったのは、栄養が偏っていたからなのかも」と気付くのです。

そのように、見込み客に必要性を感じてもらう投稿をいろいろな角度からしていきます。

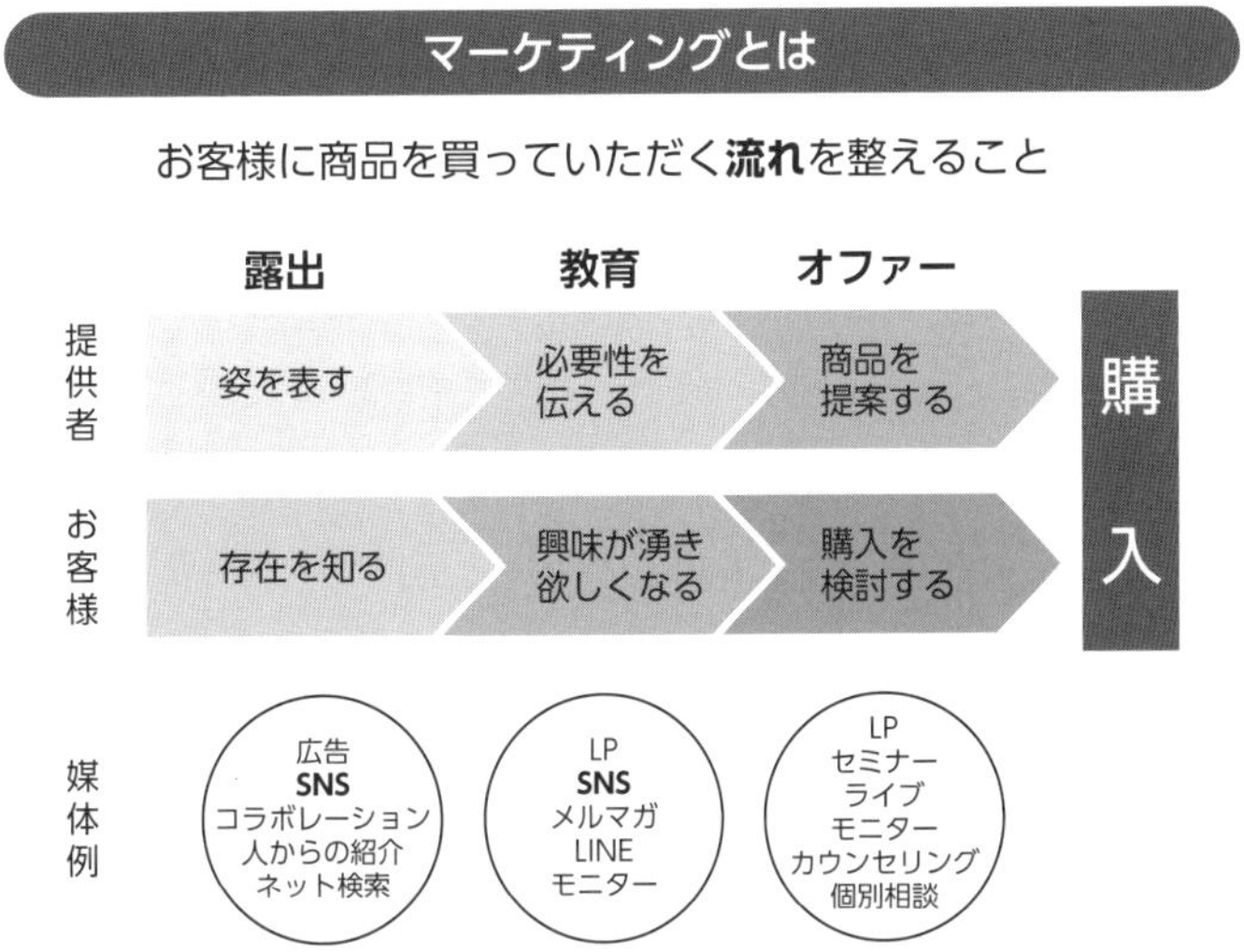

お客様と出会い、必要性を感じてもらい、購入に至るまでの一連の流れを整えることをマーケティングといいます。先ほどのダイエットコーチでいうとまずは投稿で、自分の存在を知ってもらいます。「厳しい食事制限や運動をやっていると、こんなデメリットが起こりますよ」「ダイエットはそんなに辛いことをしなくてもできますよ」と理由や実例をもとに発信します。

はじめの内は「そんな上手い話があるの？」と半信半疑だった人も、何度も発信を目にして、信頼できる情報が増えてくるうちに、「そんなやり方もあるんだ！」と納得しはじめます。

発信者の理論や実体験、クライアントのビ

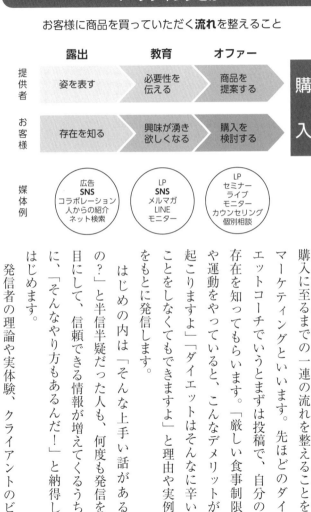

フォー・アフターなどを繰り返し見て、信頼が積み上がった先に、商品としてダイエットプログラムを提供すれば、「私もやってみようかな」「この人にお願いしたら叶うかも」と購入に至るのです。

多くの場合、インスタでは姿を現す露出の部分と、必要性に気付いてもらう教育の部分で活用されます。人によってはインスタ内で商品を売っていますが、ほとんどの場合、インスタは露出・教育を担う導入として使われており、少しクローズドなメルマガやＬＩＮＥに引き込んでから商品販売していることが多いでしょう。

信頼をベースにした集客

インスタグラムにおける集客の基本として、商品・サービスの質が高いのは大前提です。その上で私が提案しているのは、提供している人物が魅力的であり、「この人が言うなら信頼できそう！」という状態を目指す方法です。

販売をはじめた理由や起業に至るまでのエピソードを語ることで、「この人の考え方や生き様が好き」「この人のことなら信用できる！」「この人のもとで学びたい！」に導きます。「商品を売ること」に注力するのではなく、「商品を提供している売り手の魅力」を発信し、信頼を獲得するためのツールとしてインスタグラムを使いましょう。第5章でご紹介したファンのつくり方を取り入れていただければ、ビジネスにおいてもあなたの魅力が伝わります。

自然体の自分を予め出しておくことで、サービス購入後のイメージの不一致も防げます。クレームにもつながりにくくなっていいことづくしです。

信頼をベースにした露出も私ならではのやり方だと思っています。

例えば、これまで講座・コンサルを購入してくれたクライアントには最後にアンケートを取り、いただいた変化や感想をＳＮＳで発信します。

発信時にはアカウントのメンションをしてもらって、自分がシェアできるような形にしておくと、そのクライアントの繋がりがある人にも自分の存在が伝わるし、自分のストーリーズでも紹介できて、信頼を得られるエビデンスになります。

自分のアカウントのフォロワーに「こんなに実績を出してくれた方がいました！」と伝

えることができるので、感想を書いてくれた方の認知拡散のお手伝いもできる、win-winな行動です。

もし、口コミを促進する工夫が必要ならば、特典をつけるとよいでしょう。例えば、「モニター価格で提供しますので、代わりに口コミを書いてください」などです。

広告に対してあまり信ぴょう性がなくなり、UGC（User Generated Contents＝ユーザー作成コンテンツ）の時代です。一般の方が実際に利用してみてどうだったのか、そのような生の声を数多く集めることが信頼獲得に不可欠なのです。

コラボレーションも有効

その他にもコラボレーションがあります。自分と客層が近い人や、大事にしている価値観が近い人と一緒にイベントをするのも効果的です。

例えば、ダイエットレシピを発信するインフルエンサーと、宅トレを発信するインフルエンサー。ダイエットサポートのサービスを提供している人同士が、「忙しい人でもダイエットが成功する秘訣」についてコラボライブをするイメージです。

「大枠のジャンルが同じで考え方も近いけれど、アプローチが若干違う」というような相手なら、互いにとっても得られるものが多いことでしょう。提供するコンテンツ・目的達成のルートが違えば、見込み客とっても、その方にあったやり方を比較検討しやすいです。

ここでは同業者は敵ではなく仲間です。顧客は取り合うものではなく共有するもの。一度でも同業者のサービスを購入したことがある人のほうが、自分のサービスを買ってもらうハードルも断然低くなるからです。

何万人もいるインフルエンサーではなくても、人物にファンがつけば、その方のビジネスは十分に成り立ちます。

ですから、自分の人間的魅力や独自性をうまく表現できるのであれば、影響力のある人とタッグを組めるので果敢にコラボ依頼をするといいでしょう。

その他の露出方法として、インフルエンサーに紹介してもらう方法があります。つまり、

PR案件を依頼する側になるということです。

こちらはコラボでなく、「あなたのアカウントで紹介してくれませんか？」とお願いする形になります。そのため無償なのか、投稿料をお支払いするのか、投稿内容はどこまで指定するかを考えてオファーをします。

商品とインフルエンサーの親和性が高く、有名な方や少数でも濃いファンを獲得している方ならとても効果があります。

例えばママ向けの産後ダイエットのサポート商品を持っている方がいるとします。産後ママや妊娠中ママのフォロワーが多くいるインフルエンサーを探して、「普段なら10万円で売っている商品を、PRしていただけるなら無料でご体験いただけます。いかがでしょう？」とオファーするのです。

もしこれだけでは参加者が集まらなさそうなら、謝礼金をお渡しするように提案します。PRへの熱量を持って臨んでくれるインフルエンサーを探すために、どこまで譲歩したいかはそれぞれです。

自力でインフルエンサーを探すのが困難な場合は、先ほどPRを獲得する側の立場としてご紹介したPRのマーケティング会社を利用する手もあります。マーケティング会社により、事前の打ち合わせやサポート内容の濃淡はあるようですが、基本的なPR案件オファーの流れをレクチャーされた後、インフルエンサーを募集して、そこに興味があるインフルエンサーが応募します。

そして、立候補したインフルエンサーの中から選考することができます。プラットフォームの利用料はかかりますが、ある程度、質の担保されたインフルエンサーと出会えることと、万が一のトラブルに際し仲介役がいる安心感。そして自ら応募するような一定以上のモチベーションのあるインフルエンサーの中から好みの人選ができることは魅力です。

ここで、私のコラボレーション事例を紹介します。2021年の春、ある起業家の動画コンテンツを私経由で販売する企画を行いました。1動画10万円近い高額商品だったのですが、実際の販売期間は3日間だけ。発信媒体はほぼストーリーズのみ。

教育的発信で「気持ちづくり」をするために活用したのはアンケート機能です。誰もが回答しやすい二択の質問を投げかけて回答をしてもらいました。

すると興味がない人は離脱し、興味がある人はずっと投稿を追い続けてくれます。商品オファーをするのにとても適した、「暖まった場」をつくることができました。

なお前述の通り、教育とは、「その商品が自分にとって必要である」と見込み客に気付かせるために気持ちづくりをすることです。私の場合ですと、販売動画を視聴したことが自身の売上にとても活かされた実体験を盛り込みました。

この商品を買うと何を解決できて、どうなれるのか。ビフォー・アフターを伝えたのです。

さらに、すでに動画を購入して視聴した方に感想をいただき、「生の声」をストーリーズでご紹介していきました。こうしてストーリーズのプロモーションで300万円の売上が立ったのです。ちなみに、売上以外の副産物もありました。

たった3日間で私自身のインスタフォロワーが300人増、ほぼ稼働していなかったFacebookの友達も200人増、LINE登録者が130人増になりました。

さらにプロモーション経由で私のことを知り、商品を買ってくれた新規のクライアントが半年間に9人おり、金額としては400万円ほどの売上に繋がっています。

各々が積み上げてきた信頼を共有できたからこそ、互いに新たな顧客の獲得が叶ったのです。貴重な経験をさせていただき今でも協業相手の方には感謝の気持ちでいっぱいです。

おわりに

最後まで本書をお読みいただきまして、ありがとうございます。

私は、序章で書いた通り、はたから見たら「順風満帆な人生」を歩んできました。しかし実際は自分の意志がわからないまま、世間的に良いとされている進学や就職をしたため、「親から認めてもらえるような自分でいないと価値がない」と常に悩み続けていたのです。

いつも自分がしたいことがわからなくて、好きだと思えることが見つかっても本気で取り組む勇気はなく「他人に評価されるかどうか」を過剰に気にしていました。

結婚して息子が生まれて、やっと「自分の幸せを探せるんだ！」と思ったのですが、そうそう上手くはいきません。

産休・育休を取得している間、頑張っても誰にも褒められない育児と家事の連続に、昼夜問わず泣き続ける息子をあやして寝不足の日々。ふらふらになりながらこなしていても、達成感を得る瞬間がとても少なかったのを覚えています。

激務の夫がやっと深夜に帰宅しても、一日中家にこもって息子と2人っきりで過ごすだけの私には夫と楽しい話ができません。家事も十分にできていない日がたくさんあって、いずれ復職する会社での仕事も不安でいっぱいで、「自分の存在意義ってなんだろう」と思うことも多々ありました。

そんなとき、インフルエンサーという働き方を知ったのです。

特別なものなんて持っていないと思っていた私でしたが、育児の合間にインスタグラムで発信をはじめ、等身大の日常を切り取って投稿していくだけで、たくさんの人の共感と肯定を得て繋がることができました。

そこからの私は、大きく変わりました。自分らしさを大切にしていい。自分の気持ちを伝えていい。自分の考え・感覚を否定して押し込めるのでなく、「そのまま出していい」と許可することができたのです。

すると、自己表現をもっと磨きたくなって、自然に努力を積み重ねていくうちに、「活躍できる場所・頑張りたい場所」ができていきました。

思うままに表現して、受け入れてもらっているのですから、本当に嬉しいものでした。楽しく取り組めることは努力も苦にならず、自然と周囲からの評価も得られるようになります。その結果、今ではフォロワー3万人、インスタコンサルのビジネスで、最高月商1500万円の売上を立てられるようになりました。

好きな人に囲まれ、好きな時間に、好きな場所で、好きな仕事をして、時々お昼寝もして、家族を大事にしながら、理想の額を稼いでいる日々は、とても幸せです。インスタグラムをしていたら、こんな風になれたのです。本書の出版もインスタグラムをしていたからこそ叶ったことです。

本書を読んで少しでも興味が湧いたら、可能性を信じてインスタグラムをはじめてほしいなと考えています。あなたには、あなただけの魅力が必ずあります。あなたの発信を待っている人がいます。私もその一人です。


最後に。本書の出版にあたり、多くの方々にご協力をいただきました。この場をお借りして、謝辞を述べたいと思います。

初めての出版を温かく支えてくださった、ごま書房新社の池田社長をはじめ、イメージ通りのデザインを作成してくださった海谷さん、カッコいいカバーを提案してくださった酒井さん、とても学びが多く楽しい時間をありがとうございました。

そして、執筆に際し何度も相談に乗ってくださった編集協力の布施さん、起業以来ずっと導いてくださっているthe answer株式会社の雅子さん。お二人の存在がなければ、今の私はありません。心より感謝申し上げます。

また、私を信頼して講座・コンサルを受けてくれたクライアントの皆様、愛情いっぱいに見守ってくれる両親・弟、癒しと安心を与えてくれる夫と子どもたち。

これまでに関わってくださった全ての皆様のおかげで、とても素敵な本をつくることができました。ありがとうございます。

読者の皆様にも、もう一度、お礼を言わせてください。ここまで読んでくださり、本当にありがとうございます。

良かったら、「@nutsumama」と「#稼げるインスタ!」のタグ付けをして感想を教えてください! インスタグラムであなたにお会いできるのを楽しみにしています。

2024年10月吉日　自宅書斎にて、コーヒーを飲みながら

ぬつ

◆著者略歴

ぬつ

インフルエンサー／インスタコンサルタント／メンタルコーチ
1990年、福岡県生まれ。京都・東京育ち。二児のママ。三人姉弟の長女として生まれ九州男児の厳しい父の指導を受けて育つ。早稲田大学教育学部卒業後、大手総合不動産デベロッパーへ就職。業務量過多とパワハラからメンタルを病み休職、数カ月の休職から復帰し結婚・妊娠。
2018年、妊娠中に切迫早産になり、絶対安静の暇な時間を活用すべくSNSでの発信をスタート。顔出しなしでインスタグラムをはじめて、たった半年でフォロワー1万人を達成！ 1万人に到達した初月にPR報酬で月収20万円を得る。その後も、日常生活や価値観の発信をしながら、好きな案件を引き受けるだけでPR月収40万円を超える。2年目にフォロワー3万人到達。メンタルコーチングを取り入れた、クライアント本人の魅力を引き出すインスタ講座「I believe」を開講。インスタの成長のみならず、マインドの変化が起こる受講生が続出。2020年には会社を退職し、インスタグラムの専門家として企業講演で登壇。
3年目にはインフルエンサー活動を続けながら、インスタコンサルタント兼コーチングの法人を設立し初月月商1000万円！ インスタグラムで想像以上の自分になれることを身をもって体感し、この喜びをたくさんの人に届けたいという思いで活動している。

■LINE　https://bit.ly/nutsuline
■Instagram　https://www.instagram.com/nutsumama
■Blog　https://ameblo.jp/nutsumama/

・LINE公式　・Instagram　・Blog

稼げるインスタ！
普通のママが顔出しなしで
PR報酬月20万円

2024年10月29日　初版第１刷発行

著　者　ぬつ
発行者　池田 雅行
発行所　株式会社 ごま書房新社
〒167-0051
東京都杉並区荻窪4-32-3
AKオギクボビル201
TEL 03-6910-0481（代）
FAX 03-6910-0482
カバーデザイン　（株）オセロ 大谷 治之
編集協力　布施 ゆき
DTP　海谷 千加子
印刷・製本　精文堂印刷株式会社

ISBN978-4-341-08872-9 C0034